돈 버는 사람은
단순하게 생각합니다

복잡한 주식을 이기는 단순한 투자 책
돈 버는 사람은 단순하게 생각합니다

1판 1쇄 인쇄 2023년 2월 15일
1판 1쇄 발행 2023년 3월 1일

지은이 한주주
펴낸이 김선우

책임편집 진다영 | **편집** 정은주 | **디자인** 김지혜
본부장 김익겸 | **편집팀** 고태강 김동준 여임동 | **마케팅** 장하라
경영지원 이용일 이정은 허라희 | **홍보** 김지연 임예성 이예진
광고 비즈니스 이희재 김설희 | **제작** 올인피엔비

펴낸곳 헤리티지북스
출판등록 2022년 9월 15일 제2022-000244호
주소 서울시 마포구 양화로 78-22
이메일 heritagebooks.rights@gmail.com

ⓒ 한주주, 2023
ISBN 979-11-980636-3-2 03320

- 헤리티지북스는 어스얼라이언스의 단행본 브랜드입니다.
- 이 책의 전부 또는 일부 내용을 재사용하려면 반드시 사전에 저작권자와 헤리티지북스의 동의를 받아야 합니다.
- 잘못 만들어진 책은 구입하신 곳에서 바꿔 드립니다.

Think Simple

복잡한 주식을 이기는 단순한 투자 책

돈 버는 사람은
단순하게 생각합니다

한주주 지음

Becoming Rich

헤리티지북스

추천사

경제라는 것이 그렇다. 우리 일상에 아주 밀접해 있고, 생활에 많은 영향을 끼친다. 그렇기에 냉철하게 분석해야 하면서도 따듯한 시선을 놓치지 않아야 한다. 내가 오랫동안 지켜본 한주주는 그런 관점으로 시장의 흐름을 읽고 투자에 임하는 현명한 사람이다.

워런 버핏이 투자와 성공의 제1원칙으로 강조한 것이 "돈을 잃지 말라"다. 한주주는 그에 앞서 더 중요한 원칙은 "멘탈을 잃지 않는 것"이라고 말한다. 단순하지만 중요한 원칙이다. 주식시장에 뛰어든 많은 투자자가 가장 힘들어하는 부분이 바로 '변동성'이다. 상승과 하락, 폭등과 폭락을 하루에도 수십 번 겪다 보면 주변의 작은 유혹과 위험 요소에도 쉽게 휘둘리게 된다. 거기서 문제가 발생한다. 자기 주관 없이 성급하게 결정을 내리고, 돈까지 잃게 되는 악순환을 경험하기 때문이다. 이러한 점에서 "멘탈을 지키는 투자자가 복잡한 주식을 이긴다"라는 그의 말은 강력한 메시지다. '돈 버는 사람은 단순하게 생각한다'는 말이 여기서 비롯된 것이라 해도 과언이 아니다.

 격변의 주식시장에서 어떻게 자신만의 지속 가능한 투자법을 만들 것인가? 그 현실적인 해답을 한주주는 그간 경험한 다양한 투자 스토리와 인사이트를 바탕으로 찬찬히 알려준다. 단단한 지침을 안내하고, 용기를 북돋아 주고, 한 줄기 희망을 엿보도록 이끄는 훌륭한 책이라 감히 단언할 수 있다. 의심하지 말고 일단 실천해보라. 그가 안내하는 길을 잘 따라가기만 해도 충분하다. 곧이어 이 책을 읽을 당신도 어떤 어려움에도 쉬이 포기하지 않고 계속해서 나아갈 힘을 얻을 수 있으리라 믿어 의심치 않는다.

김영익 서강대학교 경제대학원 교수
《성세시표 징독법》《BIG WAVE 거대한 변화》 저자

머리글

주식시장을 이기는
단순한 투자 원칙

    우아한 삶은 소비를 통해 이루어진다는 개똥철학을 내세우며 '탕진잼(탕진하는 재미)'에 푹 빠져 20대 후반을 보냈다. 더 화려하게 빛나길 바랐고, 더 빨리 멋진 사람이 되고 싶었다. 그 수단이 소비라고 믿어 의심치 않았다. 20대 끝이 가까워질수록 절박해졌고, 그에 뒤질세라 소비 충동은 더욱 거세졌다. 당시 마이너스 통장은 나의 소비 욕구를 충족시켜주는 든든한 지원군이었다. 우아한 소비가 나를 위태롭게 만드는 줄은 꿈에도 모르고 말이다.

    어느 날 아침, '띠링' 하고 휴대폰이 울렸다. 아직 몽롱한 상태에서 전화기를 집어 들어 내용을 확인했다. 잔액 부족으로 휴대폰 요금이 출금되지 못했다는 내용이었다. 연달아서 잔액 부족으로 신용카드 대금 결제가 연체 중이라는 문자 알림이 떴다. 신용 등급에 가장 치명적인 영향을 주는 것이 카드 대금이나 공과금 연체라고 들었던 기억이 났다. 덜컥 겁이 나서 급히 통신사와 카드사에 연락했다.

"고객님, 괜찮습니다. 3일 이내에 다시 한번 출금됩니다. 그 전에 잔고 확인해주세요."

그러나 나는 괜찮지 않았다. 당장 현금이 없었다. 다음 월급 때까지는 돈이 들어올 곳도 없었다. 결국 '엄마 찬스'로 급한 불은 껐지만, 뭔가 잘못됐다는 생각에 기분이 찜찜했다. 행복을 채우기 위한 소비는 행복을 채우기는커녕 마지막 남은 자존심마저 빼앗아 가버렸다. 정신을 차려보니 우아한 삶을 꿈꾸던 나는 스물아홉 살의 빈털터리가 되어 있었다.

앞자리 숫자가 3으로 넘어가면 나의 여자 인생은 끝이라고 생각했다. 지금 돌이켜보면 참 극단적인 고정 관념에 사로잡혀 있었던 것 같다. 20대에 뭔가를 이뤄야 한다는 압박감은 오히려 나를 엉뚱한 방향으로 내달리게 했고, 서른 살이 되어서도 부모님께 의존하는 삶은 스스로 용납할 수 없었다. 폭주하던 생활을 마무리 짓고 자립할 결심을 하는 것까진 좋았으나 무엇부터 시작해야 할지 몰랐다. 마치 황야에 내던져진 듯 막막하기만 했다.

가장 먼저 한 일은 적금 통장을 만드는 것이었다. 곧장 은행으로 달려가 90만 원짜리 적금을 들었다. '선 저축'이 좋다는 것을 어디서 보고 들어본 적이 있어서였다. 그때나 지금이나 실행력 하나는 뛰어나다. 하지만 속도보다는 방향이 우선이건만, 애석하게도 나는 '멍부(멍청하고 부지런한 사람)' 쪽이었다. 부지런하고 실행력이 좋았지만 멍청했다. 마이너스 3000만 원 통장은 어쩌고 90만 원짜리 적금을 만들었을까? 마이너스 통장 이자는 연 7퍼센트였고, 적금 이자는 3퍼센트 정도였다. 당시 100만 원짜리 월세를 살고 있었던 나는 당장 월세며 관리비, 공과금을 낼 돈이 없어서 얼마 못 가서 적금을 해지했다. 그렇게 맨땅에 헤딩을 하듯이 우왕좌왕 좌충우돌하면서 '멍부'인 나는 경제적 현실 감각을 찾아갔다.

스물아홉 살에 빚 3000만 원으로 시작해서, 지금은 어느 정도 경제적 편안함을 느끼고 있다. 또 대기업 입사가 삶의 목표였던 취준생은 더 큰 세상을 향해 퇴사를 결심했고, 현재 작가로서, 유튜브 크리에이터로서, 미래의 경제학자를 꿈꾸는 대학원생으로서 일상을 즐기고 있다. 이렇게 되기까지 다양한 투자 경험을 거쳐왔다. 그 경험에는 짧지만 긴 희로애락의 역사가 함께한다.

이 책은 변동성이 높은 주식시장에서 방황하는 투자자들을 위한 돈과 멘탈을 잃지 않는 우아한 투자 가이드북이다. 잘못된 습관 개선부터 장기간 지속 가능한 투자법, 계좌 폭망 시그널 읽기, 반복되는 실패를 이기는 마인드셋 등 복잡한 주식을 이기는 단순한 투자법에 관한 모든 것을 담았다. 그간 잃지 않고 현재까지 주식 투자를 이어오고 있는 나의 노하우와 관련 지식을 전폭적으로 녹여냈다. 구성은 다음과 같다.

1장 '내 계좌가 시퍼렇게 멍들고 있다'에서는 주식 투자의 인지적 오류를 다룬다. 자신의 투자 습관을 개선하기 위해서는 무엇이 문제인지 알아차리는 것이 우선이다. 주식 투자자들이 자주 맞닥뜨리는 착각을 제삼자의 시각에서 바라볼 수 있도록 다양한 사례를 제시한다. 이 장에서 부끄러운 과거를 되돌아볼 수 있고, 사례를 타산지석 삼을 수도 있을 것이다.

2장 '한결같은 주식 폭망의 루틴'에서는 탄탄대로 꽃길만 걸을 것으로 생각하고 시작한 주식 투자가 가시밭길로 돌변하는 과정을 다룬다. 주식 투자가 망하는 것은 어느 날 갑자기 발생하는 일이라기보다는 일련의 과정에 가깝다. 주식 계좌가 무너지기 전에 투자자는 지속적인 경고 알람을 받는다. 어떻게 이 신호를 눈치챌 수 있는지, 또 반드시 피해야 하는 투자 행동은 무엇인지를 알게 된다.

3장 '세상 모든 장애물을 황금으로 만든다'는 예상대로 움직이지 않는 주식시장 속에서 어떻게 투자 방향을 수립할 것인지를 다룬다. 주식시장은 논리적이거나 규칙적으로 움직이지 않는다. 답이 딱 떨어지는 수학이나 엔지니어링이 아니다. 불확실성이 본성인 주식시장에서 장기간 지속 가능한 투자를 위한 실질적인 해결책을 제시한다. 이를 참고로 자신에게 맞는 투자 방법을 찾아보자.

4장 '주식 투자, 멘탈이 전부다'에서는 반복되는 실패를 초래하는 투자 마인드를 낱낱이 파헤친다. 투자하면서 주기적으로 비슷한 어려움에 부딪힌다면 자신의 지난 투자를 복기해볼 필요가 있다. 성공적인 투자를 가로막는 데는 부족한 지식보다 내적 장벽이 더 큰 문제다. 여기서는 불안하고 두려운 감정을 느끼는 주식 투자자들이 투자 마인드를 재정비할 수 있게 도와준다.

5장 '끝날 때까지 끝난 게 아니다'는 주식시장에서 크게 좌절한 투자자를 위해 마련했다. 투자의 쓴맛을 여러 차례 경험한 입상에서 그래도 희망을 품고 다시 일어서야 할 이유를 제시했다. 많은 투자자는 변덕스러운 주식시장 상황에 못 이겨 시장을 떠난다. 어려운 시장 환경이 오랜 기간 이어진다면 더욱더 그렇다. 주식시장을 떠나면 이대로 끝이다. 지레 겁먹고 포기하면 실패를 통해서 배울 수 있는 것은 없다. 투자의 성공 스토리는 실패한 그 자리에서 다시 시작된다. 포기하지만 않는다면 말이다.

마지막으로 혼란스러운 주식시장에서 판단력을 다잡는 데 동행자가 되기 위해 실제 투자자들과 주고받은 문답을 실었다. 외적으로는 투자의 혼란함을 잠재우고, 내적으로는 투자를 지속해나가는 힘을 길러주는 조언을 담고자 했다.

워런 버핏이 투자와 성공의 제1원칙으로 "돈을 잃지 말라"고 했다.

나는 그보다 더 중요한 원칙이 "멘탈을 잃지 않는 것"이라고 생각한다. 너무나 기본적인 행동 지침이지만 많은 투자자가 간과하고 있는 사실이다. 하루에도 수십 번씩 요동치는 주식과 계좌를 보고도 흔들리지 않을 사람이 과연 몇이나 있을까? 마음이 흔들리면 돈이 위험해진다. 잘못된 판단과 성급한 결정을 내리게 하고, 결국은 돈까지 잃게 만든다. 따라서 돈을 잃지 않기 위한 가장 첫 번째 조건은 '투자자의 단단한 멘탈'이어야 한다. 멘탈이 강해지면 생각이 하나로 모인다. 자신의 선택에 결단력이 생기고 확신이 붙는다. 이것이 어떠한 기술보다도 복잡한 주식을 이길 수 있는 가장 명백한 방법이다.

빚에 허덕이던 아마추어 투자자였던 나도 이 단순한 투자 원칙 하나로 경제적으로 부족함이 없는 편안한 생활을 이어가는 노련한 투자자가 되었다. 약 10년간 쌓은 지식과 경험 그리고 노하우를 이 책에 모두 공유한다. 투자 비기너는 물론, 수익을 내고 싶은 실전 투자자들, 주식 투자에 관심 있는 사람들, 경제 기반을 탄탄히 다지고 싶은 사람들에게 특히 유익한 한 권이 될 것이다. '멍부'였던 나도 했다. 이제는 당신의 차례다.

차례

추천사 · 004

머리글 | 주식시장을 이기는 단순한 투자 원칙 · 006

1장
내 계좌가 시퍼렇게 멍들고 있다
주식 계좌를 파랗게 질리게 하는 착각
---

1 왜 내가 사면 떨어질까 · 018

2 그때 팔지 말았어야 했어 · 026

3 내가 산 주식은 왜 안 오를까 · 033

4 내 계좌에는 어쩌다 쭉정이만 남았을까 · 040

5 나는 주식의 신 아닐까 · 046

6 수익률만 좇다 큰코다친다 · 054

7 너만 아는 정보 너만 모르는 사실 · 061

8 멍든 계좌 소생술 · 069

2장
한결같은 주식 폭망의 루틴
반드시 피해야 할 주식 폭망 테크트리

1 탐욕과 공포의 주식시장 · 076
2 주식 폭망 테크트리 5단계 · 085
3 과감한 배팅의 심리 · 093
4 주식시장의 클리셰 · 100
5 주식 트레이딩을 하면 생기는 일 · 108
6 치킨값 버는 생계형 투자의 한계 · 115
7 상승장이 오면 일어나는 일 · 122

3장
세상 모든 장애물을 황금으로 만든다
성공하는 투자 마인드셋

1 투자는 엔지니어링이 아니다 · 130
2 속도가 아니라 방향이다 · 137
3 무시할 줄 아는 것이 힘이다 · 145
4 당신의 투자 성향을 파악하라 · 152
5 한 방이냐 또박또박이냐 · 160
6 주식시장은 불확실성을 싫어한다 · 167
7 나 자신을 알라 · 174

4장

주식 투자, 멘탈이 전부다

문제는 돈이 아니라 생각이다

1. 인생 2막은 패자 부활전이다 · *182*
2. 안전장치 없는 롤러코스터 · *189*
3. 제어할 수 없다면 ADHD를 의심하라 · *196*
4. 슬기로운 덕후 생활 · *202*
5. 성공 투자를 가로막는 감정 기억 · *208*
6. 무의식을 바꿔야 투자가 바뀐다 · *214*
7. 하락장 속 멘탈 관리법 · *220*

5장

끝날 때까지 끝난 게 아니다

포기하지 않으면 언제나 희망은 있다

1. 떠나지 않는 자가 결국 승리한다 · *228*
2. 당신 안의 내비게이션을 따라가라 · *235*
3. 대출 상환도 투자다 · *242*
4. 복잡할수록 단순하게 생각하라 · *249*
5. 투자는 유행이 아니다 · *256*
6. 수익은 힘을 뺄 때 온다 · *263*
7. 폭락장 속 나의 주식 투자 · *270*

---- QnA ----

마음이 흔들리면 돈이 위험해진다
한주주의 현실 투자 조언

1 주식과 도박으로 생긴 빚, 앞이 막막합니다 · *281*

2 자존감을 잃어버렸어요 · *284*

3 외로움이 고민인 소비 요정이에요 · *287*

4 빠른 수익률로 빚을 갚고 싶어요 · *291*

5 미국 ETF에 투자한 워킹맘이에요 · *294*

6 하락장을 버티는 게 너무 힘들어요 · *297*

맺음글 | 반드시 이기는 투자의 길 · *301*

1장

내 계좌가 시퍼렇게 멍들고 있다

주식 계좌를 파랗게 질리게 하는 착각

왜 내가 사면 떨어질까

"혹시 나를 지켜보는 감시 카메라가 있는 건 아닐까?"

내가 사면 하락하고 내가 팔면 폭등한다. 우연이겠거니 싶었지만 이번에도 한 치의 오차가 없다. 마치 흑마법에라도 걸린 것처럼 말이다. 이쯤되면 나를 지켜보는 무언가가 있다는 합리적 의심이 들 수밖에 없다.

3일 전, 내가 판 주식이 12퍼센트나 급등했다. 정확히 말하면 12.95퍼센트였다. 나는 '더 확실한 투자처를 발견하면 자산을 매도한다'는 원칙을 세웠다. 그리고 이번만큼은 그 원칙에 합당한 결정이었다고 자부했다. 그러나 내 원칙을 비웃기라도 하듯, 매도한 주식은 전례 없는 큰 상승을 보여주었다. 원칙에 부합한 선택이었다고 마음을 추슬러 보지만, 마음 한쪽에서 이는 분노는 쉽사리 가라앉지 않는다. 평소 매도에 신중한 나를 움직이게 했으니 의심했어야 마땅했다. 문제는 모든 일이 벌어진 뒤에야 이성적 사고를 찾게 된다는 데 있다. 이는 나 혼자만의 문제가 아니다. '나는 다르다'고 생각하는 당신도 다르지 않고, 전문가도 다르지 않다. 그래서 인간 지표는 과학이라는 말이 있는 것이다.

사실 내가 사면 오를 수도 있고 떨어질 수도 있다. 주식시장은 '나' 따위에 관심이 없다. 그저 가야 할 길로 갈 뿐이다. 거기에 의미를 부여하는 것은 투자자 자신이다. 누구에게나 매수한 기업 주가가 오른 날도 있고 떨어진 날도 있다. 다만 오른 때보다 주가가 떨어졌을 때의 기억이 더 강렬하게 남는다. 그래서 '내가 사면 떨어진다'는 착각을 불러일으킨다.

주가는 우리의 바람처럼 차근차근 성장하지 않는다. 주가는 때로 비바람에 씻겨 내려가고, 깊은 바다 심연으로 들어가서 한동안 두문불출한다. 얼마 뒤 허리케인이 쓸고 지나간 것 같은 그 자리에 새싹이 나고, 다시 평화가 깃든다. 얼마간 이런 평화가 지속되다가 고통이 희미해질 때쯤 다시 쓰나미가 몰려온다.

이는 어제오늘 일이 아니다. 태초에 주식시장이 있었던 그때부터 지금까지 한결같다. 내가 사든 안 사든 관계없이 주가는 상승하고 하락하고 폭등하고 폭락한다. 그게 주식시장의 본질이다. 그러므로 있지도 않은 '감시 카메라'를 찾기보다는 자신과 맞는 주식을 찾는 게 중요하다. 여러 주식 중에는 자신과 잘 맞는 주식이 있다. 물론 그런 주식을 찾으려면 제대로 보는 눈을 갖춰야 한다. 이에 대해서는 4장 '주식 투자, 멘탈이 전부다'에서 구체적으로 설명하겠다.

만약 자신이 '내가 사면 떨어지는' 불운과 관계없는 사람이라는 생각이 들면 도전해볼 만한 주식이 있다. 바로 '밈meme 주식'이다. '밈'이란 리처드 도킨스의 《이기적 유전자》에서 나온 개념으로, 밈 주식은 소셜 미디어 등 온라인상에서 입소문을 타고 화제가 되면서 개인 투자자가 유행처럼 몰려가는 주식을 말한다. 한때 밈 주식은 개인 투자자의 커뮤니티 저력을 보여주기도 했다. 기관 투자자들은 공매도를 통해 이익을 취한다. 즉 위기에 처한 특정 기업 주식을 빌려 매도 주문을 내는 것이다. 이에 분노한 개인 투자자들이 온라인 커뮤니티 레딧Reddit을 통해 정보를 확산시키면서 개인이 대거 해당 주식을 매수하여 주가를 끌어올리는 일이 발생했다. 그중 가장 큰 화제를 부른 것이 바로 '게임스톱 공매도 사태'다.

밈 주식에서 주의할 점이 있다. 밈 주식은 하루 만에 2배, 3배의 수익을 낼 수 있다는 장밋빛 판타지를 선사한다. 하지만 그 장밋빛은 이내 핏빛으로 바뀐다. 만약 밈 주식에 대한 정보가 '나'의 귀에까지 들어왔다면, 주도 세력이 이미 힘껏 주가를 끌어올린 후일 것이다. 다시 말해 주가 상승을 위한 재료는 이미 반영이 끝났다고 볼 수 있다. 그래도 추가로 유입되는 투자자들이 있어서 한 차례 더 화려한 불꽃 축제가 펼쳐진다. 불꽃 축제는 언제나 마지막이 가장 화려하다. 가장 화려한 순간에 갑자기 블랙아웃이 되고, 사람들은 뿔뿔이 흩어진다. 축제는 끝났다. 밈 주식도 마찬가지다. 투자자가 소문을 듣고 그 주식에 진입했을 때 주가 상승의 화려한 막은 이미 내렸을 것이다.

밈 주식과 비슷하지만, 고전적인 개념으로 '작전주'가 있다. 작전주는 부당한 이득을 챙기려는 세력이 주가를 인위적으로 조작하는 주식을 말한다. 한마디로 '짜고 치는 고스톱' 같은 거다. 여기에 참여하는 개인 투자자들에게는 '설거지를 당했다'는 애처로운 표현이 따라붙는다. 세력들이 짜놓은 작전에서 자신도 모르게 손실을 떠안는 투자자의 비통함이 담긴 표현이다.

'밈 주식'이나 '작전주'는 일반적으로 거래량이 적은 소형 주식이 대상이 된다. 그러다 보니 이런 주식에 물리면 매우 난처한 상황에 부닥친다. 소위 말하는 '존버(끈질기게 버티는) 효과'가 적용되지 않는 종목이기 때문이다. 이런 주식은 장기적으로 보유한다고 해서 문제가 해결되지 않는다. 거래량이 적은 소형 주식은 탄탄한 이익을 내는 회사가 아닐 가능성이 큰 데다가 향후 20년 치의 상승 재료를 모조리 끌어다 쓴다. 주식을 매도하려고 마음먹어도 사려는 사람이 없으면 매도가 쉽지 않다. 내가 팔 수 있을 때는 누군가 내 것을 사주는 사람이 있을 때다. 아무도 그 주식을 원하지 않고, 팔려는 사람만 줄 서 있다면 팔 수 없다. 이때 주가는 추락한다. 추락하는 도중에 탈출하려면 하한가에 내던져야 할 텐데, 본전 생각이 발목을 잡는다. 그만두고 싶어도 큰 손실이 발생해 빠져나올 수 없어 주저주저하는 사이, 고점은 까마득히 멀어진다. 따라서 평소 거래가 매우 뜸한 소형주에 투자한다면 이런 위험에 노출될 수 있다는 점을 인지해야 한다.

"지는 높은 수익률은 바라지 않아요. 그냥 적은 수익이라도 꾸준히 낼 수 있게 하려고요."

이런 말을 하는 사람들은 '내가 사면 떨어진다'는 불문율을 경험할 때 큰 상실감을 경험하기 쉽다. 주식시장은 적은 수익률을 꾸준히 내어주는 예·적금 상품이 아니기 때문이다. 여기서 말하는 '적은 수익'은 보통 연수익률 7~12퍼센트 스펙트럼에서 존재할 것이다. 한 달에 단 1퍼센트의 수익만 내도, 복리로 치면 연 12.7퍼센트의 수익을 낼 수 있을 거라는 계산이 나온다. 한 달에 1퍼센트의 수익을 내는 것은 일견 쉬워 보인다. 주식 초보자가 목표로 잡는 데 적합한 보수적 수익률처럼 느껴지기에 주식 초보자는 잔잔하고 꾸준한 수익을 지향하며 스스로 건전한 투자관을 가지고 있다고 자부한다.

우리는 벼락치기 공부보다 꾸준히 계획적으로 공부하는 것이 좋다고 배워왔다. 그래서인지 주식 투자도 마찬가지라는 믿음이 싹튼 듯하지만, 실상은 완전히 틀린 믿음이다. 주가는 조울증 환자의 기분처럼 이유 없이 오르내리기 때문이다.

주가의 변동성은 변수가 아니라 상수로 취급해야 한다. '적지만 꾸준한 수익'을 목표로 한다는 것은 주식시장의 생리와 정반대의 노선을 정한 셈이다. 이는 흐르는 강물을 거꾸로 거슬러 올라가는 것과 마찬가지다. 강을 거슬러 오르기로 했다면 연어의 귀향처럼 죽을힘을 쥐어짜야 한다. 실로 어리석어 보이지만, 그렇게 죽을힘을 쥐어짜는 부류가 있다. 바로 미국의 헤지펀드 매니저들이다. 그들은 신이 준 재능과 신통방통한 기술을 총동원한 끝에 '매우 적은' 수익을 꾸준히 얻는다. 이 수익률을 유지하기 위해 만성 위염과 다크서클은 기꺼이 감수한다.

죽을힘을 다했으니 높은 수익률을 달성해야 한다? 주식시장에서는 동화 같은 이야기다. 온갖 화려한 액션과 현존하는 온갖 매매 기술을 적용해도 결과는 신통치 않은 경우가 허다하다. 워런 버핏은 "장기적으로는 저비용 S&P500 인덱스펀드의 실적이 두둑한 인센티브를 받는 '조력자들'과 투자 전문가들이 운용하는 펀드 실적보다 높다고 확신한다"라며, 고액의 연봉을 챙기는 미국의 헤지펀드 매니저들이 그 보수에 합당한 실적을 내지 못한다고 비판했다.

버핏은 이를 입증하기 위해 2007년 12월부터 10년에 걸쳐서 내기했고, 그 결과를 세상에 알렸다. 대다수의 헤지펀드 수익률이 영 신통치 않다는 것을 막연하게나마 알고 있던 투자자들은 버핏이 공개한 수익률 비교 자료를 보고 당황했다. S&P500 인덱스펀드 수익률(연평균 수익률 8.5퍼센트)에 비해 유망한 헤지펀드로 구성된 펀드의 수익률(연평균 수익률 2.96퍼센트)이 한참 뒤처졌다. 여기서 끝이 아니다. 유망한 헤지펀드에 투자하기 위해서는 연평균 2.5퍼센트 정도의 '고액의 수수료'를 매년 납입해야 한다. 수수료를 제하고 나면 헤지펀드 가입 고객에게 가는 수익률은 고작 0.4퍼센트 남짓, 헤지펀드에 투자한 고객이 온갖 마음고생 끝에 얻는 작고 소중한 수익이다.

헤지펀드는 높은 수익률을 위해 법의 테두리 안에서 할 수 있는 모든 것을 하는 펀드다. 하락장에는 '인버스(주가가 내릴 때 이익을 얻는 상품)'와 '곱버스(2배 인버스)' 투자하며, 과감하게 레버리지를 활용하고 각종 옵션 및 공매도 신공을 펼친다. 이는 철저하게 수학적 계산을 근거로 한다. 그렇게 해서 얻는 수익률이 S&P500 인덱스펀드를 쉽게 따라잡지 못한다. 따라잡기는커녕 평균 수익률이 은행 예금 수익률도 되지 않는다. 워런 버핏과 S&P500 인덱스펀드 창시자 존 보글 덕분에 순진한 투자자들은 금융계의 실상을 보게 된 셈이다.

내가 사면 떨어지고, 내가 팔면 오른다는 것은 대부분의 투자자가 겪는 고뇌일지도 모른다. 이런 위험을 미연에 방지하기 위해 온갖 장치를 마련하는 전문가들에게도 말이다. 여기서 우리가 할 수 있는 일은 단 한 가지다. 당연한 사실을 그저 받아들이는 것이다. 주식시장은 늘 격렬한 파도를 몰고 다닌다. 그렇다면 이 요동치는 시장에서 내 손가락도 현란하게 받아쳐야 할까?

출근 시간대의 도로를 상상해보자. 지그재그로 달리는 차, 무리하게 끼어드는 차, 요란하게 경적을 울리는 차 등 교통 흐름을 준수하지 않는 차들로 도로는 그야말로 난장판이 된다. 투자도 마찬가지다. 요동치는 주식시장에 맞춰 나도 함께 요동치면 계좌는 난장판이 된다.

상승하고 하락하고 폭락하고 폭등하는 주식시장의 당연한 본질을 받아들이자. 예를 들어 주식시장이 마이너스 20퍼센트 정도인 상황에서 당신의 계좌가 마이너스 25퍼센트 내외라면, 그냥 흐름대로 가게 놓아두는 편이 낫다. 이때 뭔가를 더해서 문제가 해결될 가능성은 희박하다. 흐르는 강물을 힘겹게 거슬러 올라간다고 해도 투자자에게는 아무런 보상도 주어지지 않는다. 그저 시장의 흐름을 따라가는 것, 그것이 가장 효과적인 문제 해결 방법이다.

2 그때 팔지 말았어야 했어

"그때 절대 팔지 말았어야 했어!"

두 남자의 격양된 목소리가 식당 칸막이를 넘어 흘러들어왔다. 그들의 대화 내용에 따르면 그중 한 사람이 2017년에 '마래푸(마포래미안푸르지오)'를 팔아버린 모양이었다. 그는 자신을 다그치며 말했다.

"지금은 그때 판 돈으로 거기 전세도 못 들어가."

그러자 다른 한 남자가 짜증 섞인 어투로 말했다.

"넌 그래도 팔아서 손해는 안 봤잖아. 난 투자하지 말고 차라리 외제 차나 한 대 뽑을 걸 그랬어."

그는 써보지도 못한 돈에 대한 미련 때문에 속상해했다. 아무래도 그가 보유한 주식이 상장 폐지 기로에 있어서 돈을 다 날릴 위기에 처했던 모양이다. '외제 차나 뽑을 걸 그랬어'라는 말로 추측해보건대, 투자금은 아마 1억 이상인 듯하다.

두 사람의 이 부질없는 푸념은 나도 한때 품었던 생각이다. 그래서인지 이 두 남자의 대화가 더 솔깃했는지도 모른다. 이처럼 '할 걸(껄)', '말 걸(껄)'이라는 자조 섞인 말을 빈번하게 하는 사람을 투자 세계에서는 '껄'만 외치는 앵무새 같다고 해서 '껄무새'라고 칭한다. 껄무새인 당사자도 부질없는 후회인 것을 잘 알지만, 분통 터지는 심정을 자제하기는 힘들다.

한편 주가가 오르면 껄무새의 태도는 달라진다. "그 주식에 투자하지 말 걸"이라던 후회가 "내가 그거 크게 오를 거라고 했지? 내 말 들으면 자다가도 떡이 나온다"로 바뀌며, 갑자기 예언가로 돌변한다. 이쯤에서 끝나면 그나마 다행이다. 하지만 "1000만 원이 아니라 1억을 투자할 걸", "비트코인을 살 걸" 하고 다시 한탄과 후회를 이어간다. 껄무새는 비단 주식 투자자에게만 해당하는 얘기는 아닐 것이다. 행동경제학자들은 '껄무새'의 행동이 인류가 보편적으로 가진 특성이라고 밝혔다. 그리고 이를 '사후 과잉 확신 편향 hindsight bias'이라고 명명했다. 사후 과잉 확신 편향은 과거의 사건은 충분히 예측 가능한 것이었다고 착각하는 인지적 오류다. 좀 더 직관적으로 표현하자면 '뒷북 편향'이다.

세상사나 주식시장에서 일어나는 일은 예측할 수 없다. 러시아와 우크라이나의 전쟁도 발발하기 6개월 전까지는 예상치 못했고, 물가 인상이 심각하다고 해도 실제 내 지갑이 털리기 전까지는 받아들이기 어렵다. 마찬가지로 주식시장에 큰 영향력을 미치는 일은 일어나기 전까지 누구도 모른다. 주식시장을 좌지우지하는 미국 연방준비제도(이하 연준) 의장 제롬 파월도 3개월 후 자신의 마음을 모른다. 즉 주식시장에 영향을 미치는 변수를 인간은 단 하나도 정확하게 알 수 없다. 늘 아무것도 모르는 불확실한 상황에 노출된 채로 투자자는 예측하고 선택해야 한다. 그래야 주식 투자를 할 수 있기 때문이다.

불확실성에 큰돈을 거는 것은 끔찍한 일이다. 그 끔찍함을 완충하기 위해 우리는 사후 과잉 확신 편향에 빠져 자신을 위로하는지도 모르겠다. '내가 그럴 줄 알았어', '역시 내 생각이 틀리지 않았군' 같은 생각은 자신감을 싹트게 한다. 사람은 스스로가 똑똑한 사람이라는 확신이 들 때 결단력이 생긴다. 아드레날린이 충만한 상태에서의 의사 결정과 행동은 인류 번영에는 도움이 되었을지언정 주식 투자에서는 그렇지 않다. 벌거벗은 채 불확실성에 노출되어야 하는 것이 주식 투자자의 숙명임을 겸허하게 받아들여야 한다.

사후 과잉 확신 편향을 빈번하게 볼 수 있는 것이 뉴스와 같은 미디어다. 그것들은 장이 마감된 직후에 모든 일을 예견했던 것처럼 이야기한다. 그러나 오늘 주가가 오른 이유는 내일 주가가 하락한 이유가 되기도 한다. 모든 것은 그날의 시황 결과에 달려 있다.

'뉴욕 증시, 경기 둔화 우려에 하락 마감. 다우 0.14퍼센트 하락'이라는 기사는 그다음 날 시장이 화색이 돌면 '뉴욕 증시, 경기 둔화 우려에 금리 인상 폭 완화 기대감으로 상승 마감. 나스닥 4.06퍼센트 상승'이라고 이내 말이 바뀐다. 전날 밤, '뉴욕 증시, GDP 발표 속 침체 우려에 하락세로 출발' 기사가 나왔다고 해서 위축될 필요 없다. 장 마감 후에는 바로 '뉴욕 증시, GDP 역성장 오히려 반기며 상승 마감. 테슬라 2.21퍼센트, 포드 6.14퍼센트 상승'이라는 정반대의 기사가 나올 수 있기 때문이다.

이쯤 되면 GDP(국내 총생산)가 그 GDP가 맞는 건지 혼돈에 빠지기 시작한다. 혼돈에 빠졌다면 좋은 징조다. 혼돈에 빠졌을 때 비로소 의심이 들기 때문이다. 'GDP 상승은 통념처럼 호재일까? 과거 GDP 하락 시기에 투자를 감행했다면 어떤 결과가 나왔을까?', '전염병은 주식시장을 감염시키나? 과거 스페인 독감 때는 어땠지?', '5월에는 주식을 팔라는데, 보유하고 있는 것보다 결과가 좋을까?' 이런 의심은 적어도 폭락장의 정점에서 매도하는 것을 막아줄 것이다.

만약 당신이 맹목적으로 뉴스를 흡수해서 의사 결정을 내리고 있다면, 줄을 잘못 잡은 것이다. 기자들도 때로는 자신이 무엇을 말하고 있는지 잘 모르기 때문이다. 그들은 금융 전문가가 아니다. 사건의 전

말과 전문가 및 대중의 의견을 종합해서 정리하고 전달할 뿐이다. 그리고 이 모든 것은 사후적이다. 주식 시황에 따라 결과는 얼마든지 꿰맞출 수 있다.

사후적 해석을 보면서 투자하는 것이 문제가 되는 또 하나의 이유는 주식시장의 속성 때문이다. 이미 다 알려진 호재와 악재는 이미 주가에 반영되어 있다. 이를 '페타 콤플리 fait accompli 현상', 즉 기정사실화라고 한다. 페타 콤플리 현상 때문에 주식 투자자는 호재에도 주가가 내려가고 악재에도 주가가 오르는 기이한 현상을 목격하게 된다.

- 전쟁이 터진 직후 주가가 가파르게 오른다.
- 파산 직전의 회사 주가가 폭등한다.
- 높은 금리는 주가에 악영향을 미친다는데, 금리 인상이 확정된 그날 주가가 크게 뛰었다.

주가에는 미래에 일어날 모든 일이 현재 가치로 환산되어 반영된다. 기정사실이 되면 시장에 영향을 미치지 못한다. 뒤늦게 진입한 투자자들 덕분에 두세 달간의 상승이 이어질 수는 있어도 힘이 약하다. 다시 말해 투자자들이 뉴스에서 보고 흥미를 느껴 주식을 사는 시점에 대주주들은 지분을 팔아치운다. 그렇다면 사후적인 것에 휘둘리는 편향에 맞서기 위해 투자자는 어떤 장치를 마련해야 할까?

먼저 주식 투자의 의사 결정을 기록하는 습관을 갖는다. '화장실에 들어갈 때와 나올 때의 마음은 다르다'는 말이 있다. 투자할 때도 그렇다. 3개월 전의 생각이 지금의 생각과 다른 경우가 많다. 굳이 3개월 전까지 갈 것도 없이 불과 한두 시간 전에 자신이 무엇을 고민했는지조차 종종 잊는다. 그래서 기록하는 습관이 필요하다. 자신이 기록한 내용을 살펴보다 보면, 시황에 따라 의사 결정을 번복하는 자신을 객관화할 수 있다. 또 자신이 무분별한 투자를 감행하는 것을 막아준다. 즉 주식 투자를 기록하는 습관을 통해 '내가 그 주식 급등할 줄 알았는데……' 하는 망상을 현실적으로 마주할 수 있다.

둘째, 과거의 나를 인정한다. 과거의 자신은 당시 상황에서 최선의 선택을 했을 것이다. 비록 지금은 어리석어 보일지언정 그때는 최선의 노력을 기울였음이 분명하다. 그러므로 과거 자기의 노력을 인정해줄 필요가 있다. 그것이 완전히 실패한 결정임이 판명 났을지라도 말이다.

셋째, '전화위복'의 마음가짐을 갖는다. 소설 《새의 선물》에 이런 구절이 나온다. "삶이 내게 할 말이 있었기 때문에 그 일이 일어났다." 이 구절처럼 결국 나를 위한 일이었다고 해석한다면, 행운을 허용하는 마음가짐 또한 가질 수 있다.

이성적인 투자자들 가운데는 '운'에 대한 언급을 금기시하는 부류도 있다. 철저히 실력으로 승부를 보겠다는 생각이다. 그러나 불확실성으로 점철된 주식시장에서만큼은 스스로 시장을 이길 수 있다는 우월감을 내세워서는 안 된다. 주식시장이야말로 인간이 가장 겸손해야 할 상대다.

지금의 투자 결정이 비극을 초래했다고 낙담할 필요 없다. 과거의 자신을 부정할 필요도 없다. 다시 돌아간다고 해도 같은 선택을 했을 테니까. 중요한 것은 바로 지금이다. 과거의 자신이 저지른 그 일이 앞으로 어떤 국면으로 펼쳐질지는 지금의 결정에 달려 있다.

3
내가 산 주식은 왜 안 오를까

직장인 K는 오늘도 새벽 2시까지 달렸다. 음주가무로 밤을 지새운 게 아니다. 그는 최근 '1만 시간' 공부를 채우고 '슈퍼 개미'로 도약할 계획을 세웠다. 그래서 늦게까지 주식 시황과 관련된 전문가 분석을 챙겨보느라 바쁘다.

입사 초기, K는 술과 모임에 빠져 지냈다. 그런 생활을 이어가던 중 갑작스럽게 찾아온 코로나바이러스감염증-19(이하 코로나19)는 그에게 공허함과 무기력증을 안겨주었다. 넷플릭스 채널 돌리기에 지쳐가던 무렵 그를 일으켜 세운 건 주식 투자였다. K는 조금 더 일찍 시작했더라면 좋았을 텐데 하는 아쉬운 마음도 들었지만, 코로나19를 계기로 주식이라는 새로운 세계를 알게 되었다.

K는 유튜브를 통해 주식 투자 공부를 한다. 스마트폰이 일상을 지배하는 지금, 유튜브로 주식 공부를 하는 사람은 K뿐만이 아닐 것이다. 사람들의 온갖 관심사가 총망라되어 있는 유튜브는 '갓튜브(God+유튜브 합성어)'로도 불린다. '갓튜브'에 한 가지 흠이 있다면 하루에 업로드되는 영상의 수가 너무 많다는 것이다.

K는 혹시라도 중요한 정보를 놓칠세라, 구독 중인 채널의 영상을 2배속으로 본다. 이렇게 매일 6시간 이상을 투자 공부에 할애하고 있다. 잘 읽히지 않는 책과는 달리 유튜브에 올라오는 영상은 쉽게 집중할 수 있었다. 무엇보다 생동감 넘치는 최신 정보를 얻을 수 있다는 점이 좋았다. '세상 참 좋아졌어. 믿을 만한 전문가들의 정보를 이렇게 쉽게 얻을 수 있다니 말이야.' K는 투자 전문가들의 의견에 귀 기울였다. 전문가가 귀띔해준 정보를 토대로 그가 매수한 주식은 어느새 30개를 넘어갔다.

K처럼 전문가에게 의존하는 투자를 하는 경우, '권위에 대한 복종'으로 치우칠 수 있다. 또한 전문가에 대한 맹신은 생각 없는 '무지성 매매'로 이어질 수 있다. 전문가를 맹신한 투자는 결과에 대한 책임 회피의 구실이 되기도 한다. '내가 저 사람 말을 듣지만 않았어도'와 같은 후회는 일종의 책임 회피다. 자신의 자존감을 구제하기 위한

심리적 장치라 할지라도, 책임을 회피한다고 해서 해결되는 것은 없다. 계좌는 이미 녹아내린 후이기 때문이다. 권위에 무조건 따르는 행동은 내 계좌에만 위험한 것이 아니다. 나치 독일 친위대 중령이자 홀로코스트 학살의 실무책임자였던 아돌프 아이히만도 사형을 앞두고 "나는 오로지 정부 명령에만 따랐을 뿐"이라고 말했다. 일에서건 투자에서건 반드시 스스로 생각하고 판단해야 한다.

주식시장은 미지의 세계다. 주식시장의 원리는 아직 누구도 규명하지 못했다. 주가 상승과 하락의 명확한 알고리즘을 나타낸 지표도 없다. 그래서 혹자는 주식 투자의 기술을 '길거리 지식'에 가깝다고 비유했다. 예를 들어 투자가 건축, 의료, IT 분야와 같은 전문 기술이라면 교과서 위주로 공부하거나 도제식으로 실무 스킬을 배우면 된다. 그러나 투자는 이런 분야의 전문 기술과는 성격이 다르다. 제아무리 워런 버핏의 문하생이라고 해도 그와 똑같은 성공을 모사하지는 못할 것이다.

주식시장은 불확실하다. 그리고 대체로 인간은 불확실성을 싫어한다. 불확실성의 불편함을 덜기 위해 사람들은 전문가에게 의존한다. 투자자들은 '금은보화'를 찾기 위해 주식시장이라는 미지의 세계로 진출했을 것이다. 이때 그들에게는 콜럼버스 같은 경륜 있는 항해사가 절실해지는데, 불확실하고 혼돈스러운 상황을 일목요연하게 정리해주는 투자 전문가는 투자자들의 마음을 안심시킨다.

죽음의 공포로 괴로워하는 한 남자가 있다고 하자. 불현듯 찾아오는 호흡 곤란과 어지럼증, 온몸이 마비되는 듯한 감각 때문에 그는 불안하고 무섭기만 하다. 행여 죽을병에라도 걸린 건 아닌지, 날이 갈수록 두려움은 더 커져만 간다. 그런 그에게 의사가 담담하게 말한다. "공황 장애입니다. 많은 분이 겪는 문제죠." 그러자 그의 두렵고 불안한 머릿속이 순식간에 정리되는 것 같았다.

환자에게 의사가 '○○병'이라고 콕 집어서 말해주면 환자의 90퍼센트는 안도감을 느낀다고 한다. 병이 나은 것도 아니고 단지 환자의 증상을 명사화했을 뿐인데 말이다.

의사의 진단만으로 복잡했던 퍼즐이 맞춰지는 듯한 느낌을 받듯이, 투자자도 비슷한 상황을 경험한다. '전기차 섹터가 고공 행진하는 와중에 왜 오늘 BYD(중국 전기차 회사)만 5.8퍼센트 급락한 거지?', '전날 있었던 미국과 사우디의 협상은 유가에 어떤 영향을 미칠까?', '최근 애플은 왜 채권을 발행해서 자사주를 매입한다는 거야?', '누가 속 시원하게 말 좀 해주면 좋겠어!'

이때 가려운 부분을 긁어주는 사람이 주식 투자 전문가다. '주식을 언제까지 보유해야 하는지'와 같은 구체적인 지침을 주지 않는데도 투자자는 경험이 많은 전문가의 설명을 듣는 것만으로 안도감을 느낀다.

단 전문가의 의견을 활용할 때 경계해야 할 점이 있다. 기업 환경을 이해하고 세상을 들여다보기 위해 전문가의 해설을 활용할 수는 있다. 또 훌륭한 투자자들의 투자 철학을 배우는 것도 도움이 된다. 하지만 전문가에게 지나치게 의존하다 보면, 현재 시장 상황을 과장해서 받아들일 우려가 있다. 주식시장의 비관론이 팽배한 시기에는 전문가들조차 이에 합세하여 비관을 증폭시킨다. 반대로 낙관론이 팽배한 시기에는 낙관을 증폭시킨다. 비관적 시장 현황을 해설하는 전문가가 많을수록 투자자는 초조함을 느낄 수 있다. 이 초조함을 견디지 못하고 저점에서 주식을 매도해버려도 전문가들이 책임져주지는 않는다. 투자의 모든 결정은 투자자 스스로 짊어지는 것이라는 점을 기억해야 한다. 아무도 그 주식을 사라고도 팔라고도 강요하지 않았다. 투자자 자신이 사고판 것이다.

"두 전문가가 공통으로 추천한 종목은 '페이스북'이다. 1분기 모바일 광고 증가로 수익이 전년 동기 대비 47퍼센트 상승했다. 2016년 이후 자본금 대비 이익은 주가보다 높게 오르고 있어 주가의 추가 상승이 기대된다."

2021년 7월 '증권사가 픽한 유망 종목'이라는 제목으로 한 언론 매체에 실린 기사의 일부분이다. 이 기사에는 내로라하는 증권사에 소속된 전문가들이 추천한 종목과 추천 이유가 담겨 있었다. 페이스북('메타'로 사명 변경) 외에도 전문가 추천 종목은 17개 정도였다. 그러나 이 기사가 나온 시점에 해당 주식들을 산 투자자는 1년 뒤 처참한 결과를 감내해야 했을 것이다.

"당신들 믿고 페이스북 주식 사서 망했어" 하고 외쳐도 소용없다. 전문가 입장에서는 당시 주식시장 상황에서 최선의 종목을 추천해준 것뿐이고, 그저 주식시장 상황이 바뀌었을 뿐이기 때문이다.

사실 따지고 들자면, 전문가들이 뭔가 더 대단한 것을 알고 있지는 않다. 그들이 알 수 있는 것은 잘 살펴보면 누구나 알 수 있는 것이다. 요즘은 모든 정보가 다 오픈되어 있다. 그리고 그 오픈된 정보는 어떤 경로로든 주가에 이미 반영되어 있다. 그러므로 명심해야 한다. 전문가의 투자 철학이나 가치관을 배울 수는 있다. 하지만 당신에게 놀라운 수익률을 안겨줄 종목 정보는 전문가로부터 얻기 어렵다.

전문가의 조언보다 투자자에게 더 시급한 것은 자기의 생각이다. 비록 그 생각이 틀렸을지라도 말이다. 생각이 틀렸다는 것이 명백해진다면 조정해가면 된다. 하지만 누군가에게 의존한 채 의사 결정을 하고 있다면 조정할 수 있는 여지조차 없다.

하루 16시간씩 일하는 투자 전문가와 자신을 비교할 필요는 없다. 그들과 발맞춰 가기 위해 부족한 지식과 정보를 더 채우겠다고 전전긍긍할 필요도 없다. 주식시장 리포트를 읽고 차트를 들여다보느라 쫓기기보다 자신만의 속도로 차분히 생각하는 편이 낫다. '1만 시간의 법칙'은 당신을 '시장 해석 전문가'로는 만들어주겠지만, 주식 수익과는 별개의 문제다. 투자 고수와 하수를 가르는 것은 정보량의 차이만이 전부가 아니다. 시장을 대하는 태도 차이가 더 크다.

  주식시장은 한 치 앞도 모르는 세상을 그대로 옮겨놓은 곳이다. 막연한 상황 속에서 명쾌한 설명이 필요할 때 우리는 전문가를 찾는다. 그러나 전문가의 정보라고 해도 정보가 다 제각기여서 혼란이 가중될 수 있고 특별한 투자의 기술이나 수익을 퀀텀 점프하게 해주는 비법 같은 것은 없다. 투자는 스스로 생각하고, 스스로 결정해야 하는 일임을 기억하자. 모든 투자의 결정은 자신의 책임이다.

내 계좌에는 어쩌다 쭉정이만 남았을까

'워런 버핏도 유산의 90퍼센트는 S&P500 인덱스펀드에 투자하라고 했다던데······.'

안정 지향 투자자 J는 최근 S&P500 투자에 관심을 가졌다. 그러나 이내 마음을 접었다. 한 주당 가격이 너무 비싸게 느껴진 탓이었다. S&P500 투자를 위해서는 SPY 또는 VOO로 명명된 ETF를 사서 보유하면 됐다. SPY는 한 주당 414달러, VOO는 주당 381달러로, 원화로 각각 54만 원, 50만 원 정도였다.

'매월 투자할 수 있는 돈은 100만 원인데, 그럼 2주 정도밖에 못사는 거잖아? 너무 몰방하는 것 아닐까?'

J가 이런 식으로 접은 투자는 이번이 처음이 아니었다. 그녀는 자본금을 아주 잘게 쪼개서 잃어도 큰 타격이 없을 만큼의 돈만 투자했다. 그러다 보니 J의 계좌는 잘 알지도 못하는 종목으로 채워져 있다. 그녀가 가장 최근에 담은 종목은 'P테크놀로지', 좋은 기업 같지만 사업 영역은 난해해 보인다.

J처럼 보수적인 투자 마인드를 가진 투자자는 위험 부담을 극히 꺼린다. 그래서 위험을 느끼지 않을 수준으로 돈을 잘게 쪼개서 투자한다. 마이너스가 크더라도 심리적 압박감이 덜하기 때문이다. 푼돈이므로 종목 선택에 신중할 필요도 없다. 하지만 저렴한 맛에 부담 없이 매수한 종목은 계륵으로 전락할 수 있다. 쇼핑할 때 싸다는 이유로 장바구니를 채우다 보면, '예쁜 쓰레기'가 늘어나는 것과 비슷한 이치다. 이런 투자가 반복되면 딱히 이익은 없지만, 버리긴 아까운 쭉정이 같은 종목만 계좌에 가득해진다. 더구나 쭉정이 같은 종목이 수십 개에 달하면 혼란이 가중되는데, 애초에 자신이 무엇을 하려고 했는지 방향을 잃기 십상이다.

수십 개의 종목을 보유한 투자자들에게는 공통점이 있다. 한 사례를 살펴보자.

전업 투자자 Y는 현재 50여 개의 종목을 보유하고 있다. 그는 보유 기간 관계없이 수익이 크게 난 종목 위주로 매도하는데, '차익 실현'

을 위해서다. '주식 투자 수익률은 수익을 확정 지어야 내 돈이지. 수익 실현 전에는 내 돈이 아니야.' Y는 이렇게 생각하고, 20퍼센트 정도의 수익률을 차익 실현 지점으로 잡았다. 사실 그는 얼마 전 단기간 높은 수익률을 기록한 주식을 매도했다. 급등세가 계속 이어지고 있어 매도 시점이 찜찜하긴 했지만, 욕심부리면 안 된다는 원칙을 되새기며 쓰린 마음을 달랬다.

한편 Y의 사전에 마이너스는 없다. Y는 '팔기 전까지는 손실이 난 게 아니다'고 생각해서 수익률이 마이너스인 종목을 절대 매도하지 않는다. 얼마 전 그가 '물타기(손실을 낮추기 위해 추가 매수)'한 종목이 크게 추락했다. 하지만 투자는 끝날 때까지 끝난 게 아니라는 마음으로 Y는 버티고 있다.

이처럼 수익이 난 종목은 팔고 손해가 난 종목은 계속 보유하는 투자자가 많다. 이들은 때때로 무분별한 물타기를 해서 상황을 더 악화시키기도 한다. 수익은 실현하고 손해는 확정 짓지 않는 상황이 반복되다 보면, 계좌는 늘 마이너스가 된다. 처음부터 의도하지는 않았겠지만, 이런 방식의 투자는 주식 계좌를 쭉정이로 가득 채운다. 이와 같은 투자 습관을 행동경제학에서는 '처분 효과 disposition effect'와 '보유 효과 endowment effect'로 설명한다.

처분 효과는 투자자가 가격이 오른 주식은 빨리 팔려고 하고, 손해 본 주식은 오래 보유하고 싶어 하는 성향을 뜻한다. 다시 말해 손실

상황에서는 손실 실현을 꺼리고 계속해서 보유하려는 것이고, 이익 상황에서는 불확실성을 피하고 확실한 이익을 손에 넣고 싶어 한다. '이거 내 얘긴데' 하고 뜨끔할 필요 없다. 처분 효과는 매우 흔하게 나타나는 인지적 오류이기 때문이다.

어느 날, 한 미디어 담당자 K가 고민이 있다며 내게 연락해왔다.

"한주주님, 제가 지금 한 종목에 세게 물려 있어요. 마이너스 3000만 원 정도인데, 이걸 어떻게 하는 게 좋을까요?"

나는 K에게 물었다. "혹시 투자금이 얼마나 되죠?"

"8000만 원 정도인데, 여기엔 빚도 포함되어 있어요. 주주님이라면 어떻게 하시겠어요?"

마당발인 K의 인맥으로 볼 때 아마 나에게만 이 질문을 하지는 않았을 것이다. 다양한 의견을 취합하는 중이었으리라.

"만약 지금 주식이 하나도 없고, 5000만 원이 있다고 가정해볼게요. 그럼 그 주식을 다시 사고 싶으세요? 그럴 마음이 없다면 정리하는 편이 나아요. 물론 쉽지는 않을 거예요. 어차피 탈출 시점을 놓쳤으니 서둘러 결정할 필요는 없어요. 차분히 한번 생각해보세요."

K는 자신이 물려 있던 종목 이름을 나에게 알려줬다. 난생처음 듣는 어려운 이름의 기업이었다. 만약 5000만 원이 하늘에서 뚝 떨어진다고 해도, K는 다시 그 종목을 사지 않을 것이다. 그 자신도 확신이 없으니까 나에게까지 물었을 테니 말이다.

K의 경우 '보유 효과'에 빠져 있다고 할 수 있다. 보유 효과는 자신이 소유한 물건에 더 높은 가치를 부여하는 심리 현상이다. 즉 남 주기엔 아까운 심리로, 자신의 물건을 남에게 내놓는 것을 손실로 여긴다. 보유 효과를 알면 중고 거래 사이트 '당근마켓'에서 발생하는 터무니없는 일들을 이해할지도 모른다. 당근마켓에는 가끔 5000원짜리를 5만 원에 팔겠다고 내놓는 사람이 있다. 반면 8만 원짜리를 3만 원으로 깎아달라는 사람도 있다. 이런 사람을 칭하는 '당근거지'라는 신조어까지 생겼다. 이와 유사한 행동 패턴이 프린스턴대학에 재학 중인 학생들에게서도 나타났다.

프린스턴대학의 대니얼 카너먼 교수는 학생들을 대상으로 한 실험을 했다. A그룹 학생에게는 학교 로고가 있는 머그컵을 지급하고, B그룹 학생에게는 머그컵을 보여주기만 했다. 그리고 두 그룹에 각각 머그컵을 얼마에 팔고, 얼마에 살 것인지 물었다. 그러자 A그룹은 '평균 5달러'에 팔겠다고 했고, B그룹은 '평균 2달러'에 사겠다고 했다.

사람들은 물건을 일단 소유하면, 그것을 갖기 전보다 훨씬 더 후하게 평가하는 경향이 있다. 주식이나 부동산 같은 자산에서도 마찬가지다. 소유하지 않았다면 쳐다보지도 않았을 주식이었을지도 모른다. 하지만 그 종목이 현재 내 계좌에 들어와 있다면 달라진다. 종목과 관련해서 하나라도 더 좋은 점을 찾기 위해 애쓰거나 종목에 대한 긍정적인 의견을 의도적으로 수집하게 된다.

그렇다면 내 계좌에서 쭉정이들을 거둬내려면 어떻게 해야 할까? 가장 약한 종목, 가장 실망스러운 종목을 우선 매도하는 편이 낫다. 단기간에 큰 수익이 났다고 해서 주식을 팔아야 하는 것은 아니다. 최고의 수익률을 보이는 종목을 단지 '고평가'되었다는 이유로 파는 건 좋은 투자가 아니다. 지금까지의 성공이 앞으로의 성공을 가로막는 장애물은 아니다. 약한 기업이 강해질 가능성보다는 강한 기업이 더 강해질 가능성이 크다는 사실을 기억해야 한다.

하지만 강력한 기업이라고 해서 항상 그 위치를 고수하는 것은 아니다. 변화하는 기업 환경의 흐름을 반영해서 가끔 자신의 주식 포트폴리오를 조정할 필요는 있다. 시대의 흐름에 뒤처져 있거나 핵심 제품과 서비스가 없는 기업 주식이라면 정리하면 된다.

애초에 신중하게 주식을 샀다면, 1년에 몇 번씩이나 팔지 말지를 고민하지는 않을 것이다. 그러므로 팔지 말지 고민만 하지 말고 과감하게 쭉정이를 거둬내고, 건강한 수목만 남겨보자. 그러면 그곳에는 들어갈 때마다 기분 좋은 세상이 펼쳐질 것이다.

5
나는 주식의 신 아닐까

　투자자 L은 주식 관련 뉴스와 전문가 의견을 섭렵하는가 하면, 데이터 분석까지 철저하게 마쳤다. 그 결과 '반도체 경기가 바닥을 쳤으니 내년 초부터 올라갈 것'이라는 답을 찾았다. 지난 한 주간 밤낮으로 몰입해 얻어낸 수확이었다. 반도체 업종에 종사하는 L은 반도체가 경기 순환과 밀접한 관계가 있다는 사실을 누구보다 잘 알고 있었다. 그래서 그만큼 자신이 있었다. 또 그 시기의 수요 공급 데이터에 따르면 반도체 분야는 추세 전환을 눈앞에 두고 있었다.

　'투자는 자신이 잘 아는 분야에 집중하는 거랬어. 그래도 감만 믿을 수 없어 철저히 데이터와 통계에 근거해서 결정했잖아. 이번에는 확실해.' '지금 매수해서 내년 초 반등이 나오는 시점에 적당히 먹고 나오는 걸로 하자. 내년 1분기 미국 수요가 늘어나서 분명 수출이 확대될 테니까. 목표 주가는 7만 8000원, 가즈아!' L은 지금이 반도체 관련주의 저점이라고 확신했다.

L은 전형적인 '모멘텀 투자자'다. 모멘텀 투자는 주가 상승이나 하락을 전망해서 매매를 결정하는 방식으로, 시장 타이밍을 예측하고 들어가는 투자를 하고 있다면 여기에 속한다. 모멘텀 투자자는 주식시장의 단기 세력이다. 이들은 기술적 분석, 시장 분위기와 뉴스, 수요와 공급, 테마(○○관련주, □□수혜주 등), 종목 정보, 가치 판단 등의 요소를 토대로 투자를 판단한다. 주식 투자를 하려면 이런 정보들은 당연히 알아야 하는 것 아니냐고 되물을지도 모른다. 그렇다면 당신 역시 모멘텀 투자를 위한 공부를 하는 셈이다.

"아닌데요. 전 가치 투자자인데요?"

이렇게 답한다면 지금 자신이 무엇을 하고 있는지 모르는 것이다. 시장의 변덕에 따라 오르내리는 주가를 추종하는 전략을 공부하면서 기업의 본질을 추구한다니 앞뒤가 맞지 않는다. 가치 투자자에게 모멘텀 투자 공부는 대부분 쓸모없는 정보다.

모멘텀 투자는 '추세 추종 전략'으로 주가 상승이나 하락의 추세를 보고 판단하는 투자이고, 가치 투자는 '추세 반전 전략'으로 현재 시장 가격이 충분히 낮을 경우 매수하고 반대의 상황에 매도한다. 가치 투자는 시장 상황과 무관하게 기업 가치가 빛을 볼 때까지 오랜 기간을 감내해야 한다. 반면 모멘텀 투자는 시장 상황에 따라 즉각적으로 대응해야 한다. 이처럼 모멘텀 투자와 가치 투자는 추구하는 방향이 완전히 다르므로 병행하기 어려운 전략이다.

모멘텀 투자자는 주식시장과 싸워서 이기는 다양한 기술을 연마한다. 이는 시스템을 가지고 움직이는 대형 투자 기관이나 소수의 선택받은 개인만 가능한 방식이다. 모멘텀 투자는 뉴스나 추세, 기술적 분석을 통해 투자가 이루어지기 때문에 장중에 줄곧 모니터 앞을 사수할 수 없는 개인 투자자는 성공하기 어렵다. 이외에도 또 다른 문제가 있다. 모멘텀 투자는 추세와 분석을 통해 어디까지 오를 거라고 예상하고 투자하는 경우가 많다. 그런 만큼 타이밍이 중요하다.

하지만 주식시장은 늘 예상치 못한 방향에서 뒤통수를 친다. 실수를 통해 배움을 얻은들 소용이 없다. 다음에는 전혀 다른 방향에서 돌이 날아온다. 이렇듯 모멘텀 투자는 주가가 하락하게 되면 어디까지 떨어질지 알 수 없다. 즉 타이밍을 잘못 잡으면 심각한 손해로 이어질 수 있다. 분한 마음에 '배수의 진을 치고 싸우겠다'고 돌진해도 목숨이 위태로워지는 쪽은 투자자 자신뿐이다. 그러나 안타깝게도 투자자는 그 사실을 쉽게 눈치채지 못한다.

주식시장에서 '싸움의 고수'가 되기 위해 기술을 연마하는 투자자들을 흔히 볼 수 있다. 펀더멘탈 분석, 기술 분석, 시장 현황 분석 등 공부해야 할 게 끝도 없다. 그러나 어쩌면 각종 분석보다 '정신적 분석'이 더 시급할지 모른다. 정신적 분석을 위해 필요한 것은 '자기 과신의 함정'에 빠진 자신을 깨닫는 것이다. 자기 과신의 함정이란 자기 능력을 실제보다 과대평가하여 잘못된 선택을 하는 것을 뜻한다. 하나의 사례를 들어보자.

6개월 전 주식 투자를 시작한 P는 요즘 기분이 좋다. 그는 다양한 종목에 투자 중인데, 여기에는 무려 1500퍼센트의 수익을 낸 종목도 있다. 다만 그가 아쉽게 생각하는 게 하나 있다. 너무 소액으로 시작했다는 점이다. 1500퍼센트 수익을 낸 종목에 들어간 투자금은 단돈 10만 원이었다. 그는 처음 주식시장에 뛰어들었을 때 두려움이 있었다. 그래서 잃어도 부담 없는 소규모 자금을 투자했다.

P는 투자로 조금씩 돈을 벌게 되는 과정에서 자신감이 붙었다. 또 지난 6개월간 충분한 검증을 통해 어떻게 투자하면 되는지 감을 잡았다고 자신하고, 자신의 의사 결정에 확신을 느꼈다. 그래서 과감한 투자를 감행하기로 결심했다. P의 이전 투자에서 유일하게 문제가 된 것은 적은 시드 머니였다. 그는 이 문제를 해결하고자 신용 대출을 받아 투자금에 보태기로 했다.

'어차피 평생 월급 모아봐야 집 한 채 못사는 세상인걸. 계속 이렇게 살 수는 없잖아.' P는 자기 합리화를 하며 투자에 매진했다.

P가 초기에 성공적인 투자를 했던 것은 실력이 아니라 단지 시장이 좋았던 것일 수 있다. 아무 주식이나 사도 오르는 때가 있다. 아니면 P는 '초심자의 행운'을 경험하고 있는지도 모른다. 초심자의 행운이란 어떤 분야에 막 입문한 초보자가 일반적 확률 이상의 성공을 거두거나, 심지어 그 분야의 전문가를 상대로 승리하는 기묘한 행운을 일컫는다. 초심자는 게임의 규칙을 모른다. 그래서 온전한 초심자라면 '룰 브레이커', 즉 우연히 게임의 허점을 파고들어 승리를 거머쥐는 행운의 수인공이 될 수 있다. 그러나 게임의 규칙을 알아가면서 초심자는 행운과 점점 멀어진다. 말 그대로 그냥 초심자다.

"무언가를 찾아 나서는 도전은 언제나 초심자의 행운으로 시작된다. 그리고 반드시 가혹한 시험으로 끝을 맺는다." 파울로 코엘료의 소설 《연금술사》에 나오는 구절이다. 파국으로 치닫지 않으려면, 우연을 실력으로 과대평가하는 것을 경계해야 한다.

유튜버 진용진은 남성 구독자만을 대상으로 '당신의 외모는 평균 이상입니까?'라는 설문 조사를 실시했다. 이 설문에는 무려 23만 명의 남성들이 참여했다. 설문 참여자는 '평균 이상'과 '평균 이하', 이 두 가지에서 하나를 선택해야 했다. 이 설문에서 자기 외모가 '평균 이상'이라고 답한 남성은 무려 71퍼센트였다. '사실 스스로 잘생겼다고 생각하지는 않지만, 그래도 나 정도면 괜찮다고 생각해요.' 이와 같은 댓글로 자신의 의견을 피력한 구독자도 있었다.

학계에는 이와 유사한 결과를 담은 논문이 있다. UC버클리대학 테리 오딘과 그의 동료 브래드 바버의 연구로, 논문 제목이 재밌다. 「사내들이 다 그렇지Boys Will Be Boys」다. 이 논문은 주식 투자에서 남성이 여성보다 자기 과신이 심하게 나타난다는 사실을 밝혔다. 자기 과신의 정도는 미혼 남성이 가장 높았으며, 그다음으로 기혼 남성, 미혼 여성, 기혼 여성 순이었다. 자기 과신 정도가 높을수록 주식 거래량이 많았다. 그와 더불어 논문은 그들의 주식 거래량과 수익률이 반비례한다고 밝혔다. 즉 주식 거래량이 높을수록 수익률이 낮았는데, 그중에서도 남성이 여성보다 45퍼센트 더 많이 거래하고 순이익률은 매년 2.65퍼센트 낮았다.

무모한 자신감으로 표출되는 '자기 과신'은 때로는 필요하다. 적어도 무모한 자괴감이나 자책감보다는 훨씬 쓸모가 있다. 오래전부터 남자들의 DNA에 녹아 있는 넘치는 자신감은 인류의 존속에 꼭 필요한 것이었다. 자신감 없이 동굴 속에 웅크리고 있었다면, 분명 인류는 굶어 죽었을 것이다. 다만 이 자신감이 주식 투자를 잘하는 것과는 그다지 연관이 없어 보인다.

과도한 자신감으로 주식을 매매했다가 이내 후회하지만, 이는 쉽게 고쳐지지 않을 수도 있다. 이때는 두 가지 방법을 적용해볼 수 있다.

첫째는 매매 전에 다른 사람과 상의하고 결정한다. 대화하는 상대방이 투자의 고수라면 더 좋지만, 아니어도 괜찮다. 대화를 나누는 사이 어느 정도 스스로 생각이 정리되고 상대방의 반응을 통해 자신을 객관화해볼 수 있다. 주위에 이야기할 대상이 어린아이밖에 없다고 해도 괜찮다. 피터 린치는 "투자한 기업에 대해 2분 안에 어린아이에게 설명할 수 있어야 한다"고 했다.

둘째는 잦은 주식 매매를 가로막기 위한 강제성을 부여한다. 가족 또는 가까운 지인에게 계좌를 공개하고 특정 주식을 매도하면 50만 원을 주겠다고 내기를 하는 것이다. 그러면 경솔한 매매를 어느 정도는 제한할 수 있게 된다.

무엇보다도 '자기 과신의 함정'에 빠지지 않는 가장 중요한 방법은 '알아차림'이다. 자신의 예측이 얼마나 틀리기 쉬운지를 먼저 인정해야 한다. 이렇게 스스로 인지해야 바꿀 수 있다. 평균적으로 보면 개인 투자자가 판 주식의 수익률이 산 주식의 수익률보다 연 3.2퍼센트나 높다고 한다. 거래에 수반되는 수수료까지 포함하면 그 차이는 더 클 것이다. 차라리 그냥 보유하는 편이 나았을지도 모른다. 만약 아직도 '나는 그런 투자자들과 다르다'고 생각하고 있다면 건투를 빈다.

주식시장과 잘 싸워서 이겼다고 기뻐할 것 없다. 그 싸움은 결코 끝나는 일이 없기 때문이다.

"싸우지 않고 굴복시키는 것이 최상이다 不戰而屈人之兵, 善之善者也."

이 문장은 《손자병법》의 정수다. 손자가 말하는 최상의 승리는 싸우지 않고 이기는 것이다. 스스로 유리한 입지를 잘 파악하고 있다면, 주식시장과 싸우지 않고도 자연스럽게 승리를 거둘 수 있다. 유리한 입지를 파악한다는 것은 자신에게 적합한 투자의 방향을 확립하는 것이다. 싸우지 않고 이기는 것, 그것이 진정한 승자의 태도다.

6

수익률만 좇다 큰코다친다

2021년 《월급쟁이의 첫 돈 공부》를 출간하고 강연을 한 적이 있다. 그때 한 독자가 물었다. "한주주님은 TQQQ 투자는 안 하세요?" 그는 이어서 물었다. "말씀하신 것처럼 미국 시장이 장기적으로 우상향한다면 TQQQ를 사도 괜찮지 않을까요?"

이 질문자가 말하는 TQQQ는 나스닥 100지수를 3배 추종하는 상장지수펀드ETF다. 지수가 10퍼센트 오르면 그것의 3배인 30퍼센트의 수익을 낸다. 100만 원을 투자해서 300만 원을 투자한 효과를 누릴 수 있는 셈이다. 당시는 주식시장 활황기로, TQQQ의 주가는 가파른 상승 곡선을 그리고 있었다. TQQQ의 행군은 절대 물러나지 않을 기세였기 때문에 투자자들은 그 행군에 조속히 동참해야 할 것 같은 압박감을 느끼기에 충분했다.

"질문자님 생각에 저도 일부 동의합니다. 다만 저는 TQQQ에 투자하지 않고 있습니다. 상승할 때 3배 상승하는 건 좋지만, 하락장에서는 제 마음이 감당하기 어려울 것 같아서요."

나는 상승장과 하락장의 온도 차이에 관해서도 설명을 이어갔다.

"상승장은 시나브로 천천히 찾아오지만, 하락장은 그렇지 않습니다. 미국에서는 폭락을 'crash'라고 표현하죠. 와장창 깨진다는 의미예요. 이 시기에 직면하면 투자자는 오랜 기간의 상승분을 반납해야 합니다. TQQQ에 투자한다면 고통은 3배만큼 커질 거예요. 아니, 그것보다 더 큰 고통을 감당해야 할지도요. 왜냐하면 인간은 손실의 고통을 획득의 기쁨보다 2배 더 크게 느낀다고 하니까요. 그 시기를 버틸 용기가 있어야 해요. 근데 저는 자신이 없네요."

당시 TQQQ는 수익률이 상당히 높았다. 코로나19 이후의 상승장에서 TQQQ는 투자자들에게 3배의 기쁨을 안겨주었다. TQQQ는 '3배 더 빠르게 부자가 될 수 있다'라는 희망을 속삭이며, 많은 투자자를 유혹했다. 현대판 메피스토펠레스(파우스트 전설에 나오는 악마)다. TQQQ 투자를 결심했다면, 폭락장에 영혼을 빼앗기지 않도록 단단히 채비해야 한다는 조언이 따라붙는다. 하지만 상승장에서 이런 조언은 잘 들리지 않기 마련이다. 투자자들은 TQQQ 사례처럼 최근 수익률이 높은 투자처에 큰 관심을 둔다. 최근 수익률이 좋은 상품은 신문, 뉴스, 유튜브 등에서 자주 소개되기 때문이다.

투자자 U는 귀가 얇은 편이다. 팔랑귀가 문제가 된 적도 있지만, 그래도 남다른 실행력을 강점으로 삼아온 그였다. 'ESG 금융·투자상품 인기 훨훨', '미 역사상 가장 큰 규모 기후 관련 투자… 신재생에너지 ETF 훈풍', 1년 전 이 두 기사를 본 U는 바로 실행에 옮겼다.

그러나 당시 그의 눈길을 끈 친환경 투자 상품의 인기는 이내 시들해졌다. 반짝 상승하는 듯했지만 지금은 원금 손실마저 발생했다. '격변의 1분기, 최대 승자는 미 에너지주… 원유 관련 상품도 인기'라는 기사를 보면서 그는 친환경 투자 실패를 받아들였다. 마음이 쓰렸지만, U는 냉철하게 판단해서 기존 투자를 정리하고는 인플레이션 시대의 대안인 원유 투자로 재빨리 방향을 돌렸다. 하지만 불과 4개월 만에 상황은 반전되었다. 원유 증산이 가속화되면서 유가가 하락하기 시작했다. 유가는 5주 연속 하락세를 이어갔다. U는 참담했다. 하락장에 반토막 난 주식 계좌에 그는 지쳐갔다.

하락장의 먹구름이 걷힐 기미가 보이지 않던 어느 날, '주식으로 잃느니 MZ세대, 소액 적금 재테크'라는 기사가 눈에 띄었다. 마치 그의 마음을 대변하는 것 같았다.

'그래 이거야! 더는 마음 졸이기 싫어. 시장 상황을 봐서 나중에 다

시 진입하는 편이 낫겠어.'

그는 투자를 청산하고, 진득이 예·적금을 하면서 기회를 엿보기로 했다. 이내 주식시장은 그를 비웃기라도 하듯 큰 폭으로 반등하기 시작했다.

U처럼 주식시장 상황에 민감하게 반응해서 좋다는 곳을 쫓아다니면 어떻게 될까? 자산을 비싸게 사게 된다. 해당 섹터에 불이 붙었을 때 사서 불씨가 잦아들 때쯤 자신의 투자를 후회하며 나오게 된다. 이처럼 좋은 때 사서 애매한 때 파는 상황이 반복되면 애매한 수익률로 귀결된다. 사고파는 데 드는 노력과 수수료까지 고려하면 실질 수익률은 더 나쁠 것이다.

"비 오는 날이 있으면 맑은 날도 있다"는 옛말이 있다. 주식시장도 그렇다. 투자자라면 '평균 회귀' 현상을 염두에 둬야 한다. 평균 회귀는 프랜시스 골턴이 처음 주장한 이론이다. 극단적이거나 이례적인 결과는 평균으로 되돌아오는 경향을 가진다는 것이다. 자산 가치는 이런 평균 회귀 속성을 가지고 있음을 기억해야 한다. 수익률이 높은 자산만 쫓아다니다 보면 평균 회귀의 덫에 갇힐 수 있다.

대니얼 카너먼의 《생각에 관한 생각》에는 평균 회귀를 보여주는 좋은 사례가 나온다. 한 심리학 교수가 이스라엘 공군의 비행 교관들을 대상으로 한 강연에서 "잘못을 벌하는 것보다 잘했을 때 포상을 주는 것이 더 효과적입니다. 이는 인간 외에도 여러 동물 실험에서도 공통으로 나타나는 현상입니다"라고 말했다.

강연이 끝나자 노련한 교관 한 명이 반문했다.

"생도들이 곡예비행을 멋지게 완수하면 자주 칭찬했습니다. 그런데 다음에는 그 똑같은 기술을 제대로 못 하더군요. 반대로 생도들이 제대로 못 할 때 고함을 쳤더니, 그 문제가 개선됐습니다. 그러니까 제 말은 포상이 답이 아니라는 겁니다. 실전은 그 반대입니다."

이 교관의 말처럼 당근은 주지 않고 채찍을 휘두르는 것이 답일까? 그렇지 않다. 교관의 관찰은 맞지만, 해석이 틀렸기 때문이다. 그날따라 뛰어난 성과를 보인 생도에게 다음 날에는 그만큼의 운이 따르지 않았을 수 있다. 반면 유독 실수를 연발했던 생도는 다음 날 컨디션이 좋아 더 잘했을 수 있다. 그들의 성과는 평균으로 회귀한 것이다. 훈련 성과는 어느 정도 무작위 변동성에 노출되어 있었다. 교관은 이를 잘못된 인과 관계로 해석하여 자신만의 결론에 도달한 것이다.

극단적으로 좋거나 나쁜 결과는 결국 평균에 가깝게 되돌아온다. 한번 큰 값이 나오면 다음에는 작은 값이 나와서 결국 전체적으로는 평균에 수렴한다는 것이다. 이는 주식시장에서도 흔하게 볼 수 있다. 한 섹터가 천년만년 잘 나가는 것은 찾기 어렵다. 물론 한 섹터가 오랫동안 최고의 수익을 내는 것처럼 보일 때가 있다. 그러나 과거를 들여다보면 오랜 고통의 기간도 존재했음을 알 수 있다. 많은 투자자가 열광하는 기업인 애플, 마이크로소프트, 테슬라도 그런 인고의 기간을 거쳐왔다. 그리고 이들 기업에 투자할 때는 그런 시기가 다시 도래할 수 있다는 점을 기억해야 한다. 지루한 횡보의 기간이 얼마나 될지 아무도 모른다. 5년이 될 수도, 10년 또는 그 이상이 될 수도 있다.

한 섹터가 천년만년 영원하지 않으면, 상황에 맞춰서 좋은 섹터를 찾아 들어가면 된다? 어쩌면 당신은 한 시대 방향성을 예언해서 그때그때 '치고 빠지는' 투자를 원할지도 모른다. 하지만 애석하게도 이런 방식으로 장기간 성공한 투자자는 찾기 어렵다. 오히려 특정 자산을 진득하게 가지고 있는 투자자가 때때로 기회를 포착한다. 나는 유행에 휩쓸려 투자하는 것보다 특정 종목에 장기적으로 투자하는 편이 낫다고 생각한다. 투자를 할 때는 장기적 낙관론자가 되어 투자할지, 배당에 집중할지, 성장에 집중할지 등 투자의 중심이 필요하다.

어떤 이는 '올웨더(사계절) 포트폴리오'를 주장하기도 한다. 올웨더 포트폴리오는 안정적으로 장기 투자하기 위해 자산을 다양한 곳에 배분해두는 방식의 투자다. 사계절 포트폴리오라고도 불리는데, 사계절이란 기대치 대비 경제 성장과 물가를 조합한 네 가지 상황을 의미한다. 이 투자 방식은 거시 경제의 상황에 대비해 장기적으로 특정 포지션을 진득이 보유하는 관점이므로 장기 투자하는 데 쓸만하다.

매의 눈으로 하락장만 노려보는 투자자도 있다. 짐 로저스나 마이클 버리 같은 유명한 투자자들이 여기에 속한다. 그들에게는 하락만 말하는 앵무새라고 해서 '하락무새'라는 별명이 붙는다. 증시 하락만

고대하는 인버스 투자자를 비꼬는 표현이다.

어떤 상황에서든 비관적인 주장만 하는 투자자들에게 "고장 난 시계도 하루에 두 번은 맞는다"며 비아냥거리는 시선도 있다. 하지만 나는 생각이 다르다. 고장 난 시계는 두 번이라도 맞는다. 그때그때 수익률 좋은 곳만 쫓아다니다 보면 한 번도 못 맞출 수 있다. 오락가락 갈피를 잡지 못할 바에는 오히려 고장 난 시계가 되는 편이 낫다.

마차를 끄는 말은 줄이 한 방향이어야 한다. 마차를 여러 방향에서 잡아끈다면 말은 능지처참당하고 말 것이다. 투자에서도 자신의 중심이 되는 방향이 있어야 한다. 조급한 마음에 여기저기 기웃거리다가는 모조리 놓쳐버리고 만다. 수익률이 높은 투자처만 쫓지 말고 평균 회귀 현상을 기억하기를 바란다.

《돈의 심리학》의 모건 하우절은 평균 회귀를 이렇게 표현했다.

"경제학에는 이런 철칙이 있다. 극단적으로 좋은 상황이나 극단적으로 나쁜 상황은 오래 지속되는 경우가 거의 없다. 예측하기 힘든 방식으로 수요와 공급이 적응하기 때문이다."

최근 수익률에 연연해서 무리하게 자꾸 방향키를 돌리지 말자. 어디로 향해도 중간에 우여곡절은 있기 마련이다. 자신이 가장 합리적이라고 생각하는 방향을 고수하며 투자하자.

7

너만 아는 정보 너만 모르는 사실

G는 학창 시절에도 멀리하던 책을 보며 주식 투자 공부에 후끈 달아올라 있었다. 그런 G가 친한 친구로부터 고급 정보를 입수했다. N바이오에 근무 중인 G의 친구는 자기 회사의 기밀 정보를 살짝 귀띔해주었다.

"너 'M사'라고 알아? 여기가 세계 일류 제약 회사인데, 이번에 경구용 코로나 치료제를 개발했거든. 근데 우리 회사가 M사랑 기술 이전 계약을 체결하기로 했어. 내가 말한 것 꼭 너만 알고 있어. 이거 들키면 나 회사 잘릴 수도 있다."

G는 가슴이 뛰기 시작했다. 그렇다고 친구 말만 믿고 큰돈을 투자

할 수는 없는 노릇이었다. 그래서 그는 N바이오에 대해 공부해보기로 했다. 공부하면 할수록 G는 점점 더 확신에 차올랐다. N바이오가 확실한 '바닥 신호'를 보이고 있음을 간파했기 때문이다.

'이중 바닥 패턴으로 바닥 다지기는 끝났고, 저항선을 이제 막 돌파했네. 지금이 들어가야 할 타이밍이야. 그동안 했던 공부가 헛되지 않았어.'

G는 곧 N바이오 주식을 매수했다. 무려 5000만 원어치였다. N바이오를 매수하고 6개월이 지났다. 그러나 주가는 G의 바람대로 움직이지 않았다. 주가는 반토막이 났고, 계약에 관한 소식은 감감무소식이었다. '나도 물려 있다'며 한 달만 더 기다려보라는 친구 말에 기도하는 심정으로 기다렸다. 초조한 마음에 술자리에서 신세 한탄을 해보지만, 그래도 답답함은 가시지 않았다.

G처럼 '은밀한 정보'를 좋아하는 투자자는 회사의 장기적 건전성을 보여주는 지표에는 그다지 관심이 없다. 이는 예나 지금이나 한결같다. 늘 비슷한 스토리텔링으로 투자자를 현혹하는데도, 많은 투자자가 놀랍도록 여기에 반응한다. 왜일까?

인간은 예로부터 규칙적이고 예측 가능한 것을 좋아했다. 그래서 과학이라는 이름으로, 과학이 발전하기 전에는 무속 신앙이나 점성술에 의존해 끊임없이 예측해왔다. 투자자들이 가장 꺼리는 것이 불확실성이다. 그러나 불확실성은 역설적으로 주식시장의 본성이다. 정확한 예측을 원하는 투자자와 불확실성이 높은 주식시장, 이 둘 사이의 간극을 메워주는 것이 바로 '은밀한 정보'다.

그렇다면 투자자가 열광하는 은밀한 정보는 무엇일까? 한 회사가 탄탄히 일궈온 업적, 스테디셀러 제품, 꾸준히 성장하는 이익률 등은 뉴스거리가 되지 않는다. 당연한 것으로 치부되어 흥미를 불러일으키지 못하기 때문이다. 은밀한 정보의 주된 소재는 대규모 계약 체결, 대규모 납품, 신약 개발 성공, 인수 합병, 대체 에너지 발견 등이다. '내달 대규모 수주 발표', '세상을 뒤흔들 연구 개발 발표 임박', '대박 실적' 같은 정보는 당장이라도 주가가 튀어오를 것처럼 자극적이다. 실상 이런 아이템들은 회사에 당장 돈을 벌어다 주지는 못한다. 하지만 투자자들의 돈을 모금하기에는 안성맞춤이다. 즉 투자자들은 모르고 대주주들은 아는 것이 바로 이것이다.

투자자들은 반짝이는 뉴스를 좋아한다. 정보를 생산하는 주체인 언론이나 미디어도 마찬가지다. 그들은 '클릭질'을 부르는 소재에 목말라 있다. 반짝이는 뉴스는 세간의 이목을 집중시키며, 광속으로 퍼져나간다. 뉴스거리는 마치 그 기업의 본질인 듯 뽐내는데, 이런 뉴스의 속성 때문에 기업이 일상적으로 잘하는 일이 묻혀버리기 십상이다.

실제로 뉴스가 기업의 핵심 경쟁력과 밀접한 관계가 없는데도 개인은 이를 과대 해석한다. 이는 '회상 용이성'의 함정 때문이다. 회상 용이성이란 쉽게 떠올릴 수 있는 정보에 더 큰 비중을 두어 사물을 판단하는 것을 뜻한다. 주의를 끄는 극적인 사건은 회상 용이성을 일시적으로 끌어올린다. 그리고 회상 용이성을 자극하는 사건은 많은 투자자의 관심을 단숨에 집중시키는데, 이는 단기적 폭등으로 이어지기도 한다.

인간은 대체로 회상 용이성이 있는 사건에 더 큰 주의를 기울인다고 알려져 있다. 자극적인 사건은 전파가 빠르다. 발생 가능성이 극히 낮은 사건일지라도 말이다. 사건이 특이하고 드라마틱할수록 더 자주 회자된다. 이는 일상에서도 쉽게 찾아볼 수 있다.

"그거 들었어요? 마케팅팀의 이전무님 갑자기 사라졌잖아요. 지난주 목요일부터 출근을 안 하시더래요. 짐도 그냥 다 놔두고요. 어떻게 된 건지 알아요?"

"나도 들었는데, 협력사랑 골프치고 접대받았나 보더라고요. 황금송아지도 받았다던데요? 그거 얼마 정도 하려나. 10억은 넘을 것 같지 않아요? 도대체 회삿돈 얼마를 해먹으면 그런 걸 받나 몰라."

사내에서 회상 용이성을 담은 이야기는 주로 탕비실에서 오간다. 먼 옛날 온갖 소문과 정보는 우물가에서 오갔다던데, 현대판 우물가는 탕비실인 것 같다. 탕비실에서의 화제는 언제나 흥미롭다. 한직으로 밀려난 상사, 상사의 뒷담화, 눈꼴스러운 사내 커플 등 이런 대화는 몽롱한 아침을 깨우는 일등 공신이다. 대화에 몰입하다 보면, 에스

프레소 투샷을 들이부어도 빌빌대던 정신이 어느새 맑아진다.

이런 이야기는 무기력한 아침을 이겨내야 하는 회사원들에게만 해당하는 일이 아니다. 유발 하라리가 쓴 《사피엔스》에도 비슷한 내용이 언급된 바 있다.

"역사학 교수들이 함께 점심을 먹을 때 제1차 세계대전의 원인에 대해 대화할 것 같은가? 핵물리학자들이 휴식 시간에 쿼크에 대한 과학적 대화를 나눌 것 같은가? 그럴 때도 있겠지만, 대개는 남편이 바람피우는 것을 적발한 교수, 학과장과 학장 사이의 불화, 어떤 동료가 연구비로 렉서스를 샀다는 루머 등을 소재로 뒷담화한다."

이처럼 회상 용이성이 큰 자극적인 이야기는 집단 결속력을 다지는 데 도움을 줄 수 있다. 그러나 이런 이야기에 너무 심취하면 일상에 방해가 된다. 낮은 빈도로 일어나는 일에 과도하게 주의를 기울이면, 편안한 일상의 관계에 몰입하기 어렵다. 비슷한 일이 내 주변에 일어나고 있지는 않은지 의심하게 되어 피로감을 줄 수 있다.

투자하는 기업을 선별할 때도 그렇다. '어그로(일부러 다른 사람을 도발하는 행위)'성 호재보다는 탄탄한 제품과 서비스를 꾸준히 제공하는 기업에 관심을 기울이는 편이 낫다. 스스로 편안한 투자를 지향한다면 말이다. 혹하는 정보에 끌려다니는 투자를 일삼는다면, 도박장의 호구를 자처하는 셈이다.

도박장에서 계속 돈을 잃고 있던 D는 지인에게 솔깃한 제안을 받았다. 지인은 카드 패를 볼 수 있는 특수 렌즈를 제공하겠다고 했다. 지푸라기라도 잡자는 심정으로 D는 그 제안을 수락했다. 그런데 어찌 된 영문인지 패가 보이는데도 계속 돈을 잃어갔고, 4일 만에 3억이 넘는 거액을 잃고 말았다. 그러다 D는 충격적인 이야기를 들었다. 특수 렌즈를 제공한 지인과 도박단이 한패라는 것이었다. D가 특수 렌즈로 카드 패를 볼 수 있든 말든 상관없었다. 카드 순서는 처음부터 조작되어 있었기 때문이다. 다시 말해 D는 사기꾼들이 치밀하게 계획한 사기에 농락당한 호구였다는 것이다.

"그 판에서 누가 호구인지 모르겠으면 네가 바로 그 호구다."

D의 이야기는 드라마 〈미스터 선샤인〉의 명대사가 떠오르는 실제 사례다. 만약 당신이 '나만 아는 정보'로 투자를 이어가고 있다면 D와 다를 바 없다. 투자할 기업을 속속들이 아는 것이 대단한 패를 쥐고 있는 것처럼 여겨질지 모른다. 하지만 주가는 개인이 생각한 대로 움직이지 않는다. 주가가 움직이는 것은 호재 때문이 아니다. 그 호재에 반응하는 투자자 무리가 있을 때 주가는 상승한다. 주가는 주식을 사는 사람과 파는 사람의 줄다리기로 형성된다는 것을 기억해야 한다. 당신이 가진 기업 정보가 얼마나 대단한 것인지는 중요하지 않다. 다른 투자자들이 그 정보에 동참하지 않으면 주가는 오르지 않는다. 행여 투자자들이 몰려와도 분위기가 단기간 차갑게 식어버릴 수 있다. 그러면 기업의 호재 잔존 여부와 관계없이 주가는 무너진다.

혹시 솔깃한 정보를 십분 반영해 투자하는데도 실속 없는 투자가 계속되고 있는가? 그렇다면 이제 그만 그 게임에서 빠져나오자. 하지만 문제는 자신이 호구임을 깨달았을 때는 이미 늦었다는 사실이다. 만화 《북두의권》에 나오는 유명한 말처럼 "너는 이미 죽어 있다." 그러므로 애당초 '너만 알라'는 부류의 정보 따위에는 관심을 기울이지 말아야 한다.

만약 지금 누군가의 솔깃한 정보에 따라 소규모 주식에 투자하고 있다면, 언제 폭락할지 모르는 '시한폭탄'을 쥐고 있는 것과 마찬가지다. 빨리 그 시한폭탄을 받아줄 수 있는 다른 투자자를 찾아야 한다. 그 폭탄을 더 비싼 값에 받아줄 사람을 찾을 수 있다면 가장 좋겠지만, 만약 찾지 못한다면 그 폭탄을 안고 장렬히 전사해야 한다. 그 점을 염두에 두자.

은밀한 정보 앞에서는 늘 냉정해야 한다. 주식 정보는 이미 주가에 반영되어 있다. 하버드대학의 스탠리 밀그램 교수는 6명만 거치면 세상 모든 사람이 연결된다는 '6단계 분리 이론'을 주장했다. SNS 등의 소셜 네트워크 발달로 그 단계는 더욱 축소되었다. 그러므로 당신이 정보에서 가장 첫 단계가 아니라면 투자하는 데 아무런 의미가 없다. 정보의 첫 단계에서 투자한다고 해도 문제다. 자본 시장법은 미공개 정보 이용 금지 제도를 두고 있기 때문이다. 내부 정보를 매매 등에 이용하거나 타인에게 이용하게 하는 행위는 불법이다.

즉 당신만 아는 정보는 당신만 모르는 사실일지도 모른다. 특별한 정보를 활용한 투자는 애초에 발을 들여서는 안 된다. 이미 발을 들였다면 수업료를 낸 셈 치고 훌훌 털고 나오는 수밖에 없다. 상승 재료가 소멸한 주식에는 희망 회로를 끄고, 다시 장기전으로 나갈 채비를 시작하자.

8

멍든 계좌 소생술

'지금 중국 주식 1000만 원어치만 사두면 10년 후 강남 아파트를 산다고?'

서점의 투자 코너에서 나는 잠시 발걸음을 멈추고 한 권의 책을 펼쳐 들었다. 책은 자산 퀀텀 점프를 할 수 있는 기회가 중국 시장에 있다고 말하고 있었다. 당시 중국 증시는 상승일로였다. 선진국은 이미 저성장 시대에 접어든 반면 아직 개발 여력이 남아 있는 나라는 중국뿐인 것 같았다. 나는 이 절호의 투자 기회를 놓칠 수 없다고 생각했다. 그래서 2015년 6월, 처음으로 해외 주식 투자를 시작했다. 비록 살면서 한 번도 들어본 적 없는 기업 종목이었지만, 책 저자인데다 투자 전문가의 추천이니만큼 철석같이 믿고 20개 종목을 샀다.

나의 첫 해외 주식 투자의 결과는 어땠을까? 결론부터 말하자면 실패로 끝났다. 중국 주식을 매수한 지 2주만에 중국 시장이 대폭락을 맞이했고, 종합 주가 지수가 곤두박질치면서 서킷 브레이커(주식 매매를 일시 정지하는 제도)가 수차례 걸렸다.

내가 중국 주식을 시작했다는 것을 알고 있던 주변 동료들은 괜찮냐며 걱정했다. 나는 시장에 피가 낭자할 때 주식을 사야 한다며 이건 기회라고 당차게 대답했다. 그리고 추가 매수와 물타기(하락장에 추가 매수)를 감행했다. 그렇게 잘 알지도 못하는 20개 종목을 월급 탈 때마다 꾸준히 매수하며 지분을 늘려갔다. 그러나 연일 폭락이 이어지자 두려움에 결국은 계좌를 덮어버리고 말았다.

돌이켜 생각해보면 나는 이 시기에 '계좌를 시퍼렇게 멍들게 하는 착각' 세 가지를 하고 있었다.

1. 왜 내가 사면 떨어질까?

'내가 사면 떨어진다'는 불문율이 맞아떨어지는 듯했다. 물론 시장은 내 행동에 관심이 없다. '까마귀 날자 배 떨어진다'는 말처럼, 까마귀는 날았을 뿐이고 때마침 배가 떨어진 것뿐이다.

30여 년의 상하이증권거래소 역사상 두 번째로 큰 버블이 발생했던 때가 나의 투자 시점이었다. 2015년 버블 발생 원인은 외국인이 중국 주식을 자유롭게 거래할 수 있는 제도 완화 때문이었다. 차이나 드림을 꿈꾸던 투자자들이 일시에 대거 몰리면서 주가는 사상 최고점을 향해 돌진했고, 때마침 그때 나는 '상투'를 잡았던 것이다.

나는 착각 속에 있었다. 주식시장의 상승 분위기가 영원할 것으로 생각했다. 영원하지는 않더라도 내가 투자하는 동안에는 상승이 지속될 거라고 믿었다. 아니, 그러기를 기도했다.

초보 투자자가 주식 투자에 관심을 갖는 시기는 대개 주식시장의 불꽃 축제가 가장 요란할 때다. 이 불꽃 축제의 마지막이 가장 화려한 이유는 나와 같은 초보 투자 세력 때문이다. 그들은 아직 인내심을 배우지 못했다. 시장 상황에 따라 부화뇌동한다. 부화뇌동의 무리가 시장 전반을 휩쓸 때쯤이면 시장 거품도 빠르게 사그라든다. 거품이 꺼진 후에는 시장 폭락에 대한 다양한 문제의 원인이 사후적으로 출몰하지만, 시장은 단지 제자리를 찾아가는 것인지도 모른다.

2. 전문가 추천 종목인데 괜찮겠지?

중국 주식 종목 선택은 철저하게 전문가들의 견해에 의존했다. 중국통通 금융 전문가들이 쓴 책을 보면서 발굴한 종목이니 믿어 의심치 않았다. 실제로 그들은 자신의 이름을 걸고 심혈을 다해 추천 종목을 선별했으리라. 문제는 내 선택을 남에게 의존하고 스스로 생각하지 않았다는 점이었다. 내가 투자한 20여 개 종목은 들어본 적도 없는 이름이었다. 하지만 '우량주'니까 괜찮을 거라고 생각했다. 게다가 1000만 원으로 10년 뒤 강남 아파트를 살 수 있다는데 무얼 망설이겠는가? 빨리 부자가 되고 싶은 마음에 서둘러 매수했다. 그것이 나의 가장 큰 실수였다.

투자 종목은 철저히 개인적으로 판단해야 할 문제다. 정보를 탐색하고 스스로 제품과 서비스를 체험해보면서 종목을 선별해나가야 한다. 자신이 정말 좋아서 택한 기업이 아니라면 약간의 하락장에도 주식을 내던지고 싶은 마음이 생긴다. 강세장에 사서 약세장에 파는 반복적인 행동은 여기서 출발한다.

3. 그래도 불안하니까 분산 투자를 해야겠어!

나는 분산 투자를 위험을 막아주는 부적쯤으로 여겼다. 막연한 불안함을 종식시키기 위해 자본금을 쪼개고 또 쪼갰다. 하지만 사실 잘 알지도 못하는 주식 종목을 수십 개 가지고 있는 것에 '분산 투자'라는 이름을 붙여두고 있었다. 이런 식으로 많은 종목에 투자하니 마음이 몹시 혼란스러웠다. 주가가 왜 오르는지 왜 떨어지는지 알 길이 없었다. 20개 종목을 붙잡고 하나하나 확인하기도 버거웠다. 거의 3개월 가까이 하락장 물타기를 했지만, 확신도 없고 두려웠다. 마치 마음이 20개로 쪼개져 있는 것만 같았다.

  돌이켜보면 나는 굳이 분산 투자를 하지 않아도 됐다. 일정 부분 현금을 보유하면서 내가 잘 아는 2~3개 정도의 알짜배기 기업을 선별해 투자하는 편이 나았다. 아직 자본금이 충분히 무르익지 않은 상태에서 지나치게 쪼개서 투자한다면 실효성보다는 피로감이 더 크다. '달걀을 한 바구니에 담지 마라'는 말은 달걀이 있을 때 의미가 있다. 일단은 달걀을 낳는 것에 집중해야 한다. 그러려면 본업에 집중하면서 긴 호흡의 투자로 종목을 조심스럽게 확장해나가는 편이 더 낫다. 한 번에 수십여 개로 종목을 펼쳐놓게 되면 어느 하나도 제대로 볼 수 없게 된다. 달걀로 저글링을 하는 셈이다. 차라리 달걀을 한 바구니에 담아서 최선을 다해 지키는 편이 더 좋다.

  이처럼 폭락장 속에서 힘들었던 경험은 내가 투자의 방향을 잡는 중요한 계기가 되었다. 나의 착각 세 가지는 사실 지금도 가끔 반복된다. 그런 만큼 나는 늘 그에 대한 대비책을 마련하려고 한다. 가장 중요한 것은 '상승도 하락도 영원하지 않다'는 것이다. 이 점을 생각하며 스스로 종목을 선택하고 무리하게 확장하지 않는다면, 비교적 안정적인 장기 투자를 이어갈 수 있을 것이다.

2장

한결같은
주식 폭망의 루틴

반드시 피해야 할 주식 폭망 테크트리

탐욕과 공포의 주식시장

    1987년 10월, 뉴욕 주식시장에 갑자기 천둥 번개가 내리쳤다. 그것은 맑은 하늘에 돌연 나타났다. 그날 미국 다우 지수는 22.6퍼센트 폭락했다. 미국 증시 사상 가장 큰 규모의 폭락이었다. 증권시장이라는 풀밭에서 평화롭게 풀을 뜯던 양 떼들은 일시에 패닉에 빠졌다. 너나 할 것 없이 안전한 곳을 찾아 뛰어들듯, 서로 먼저 주식을 팔겠다며 시장에 내던졌다. 그러나 그 주식을 받아주는 이는 없었다. 그날은 '다우 지수'가 아니라 '다우 절벽'이었다. 당시는 금융 위기의 징후가 보이지 않던 때였던 만큼 투자자들은 더 당황했다. 1929년의 대공황이 다시 재현되는 것 아니냐며 소동이 일었다.

일명 '검은 월요일(1987년 10월 19일)'이라고 부르는 대폭락 때의 일이다. 당시 대폭락은 경제 펀더멘탈 문제라기보다는 기술적 요인이 더 컸다고 알려져 있다. 컴퓨터의 자동 매매가 폭락을 가속화한 주요 원인으로 지목된다. 자동 매도 매물이 한꺼번에 쏟아져 나오며 주가가 하락했는데, 여기에 기관이 가세하고 대중의 소란이 더해졌다. 투자자들이 일시에 협곡으로 몰아닥치면서 사건은 일파만파 커졌다.

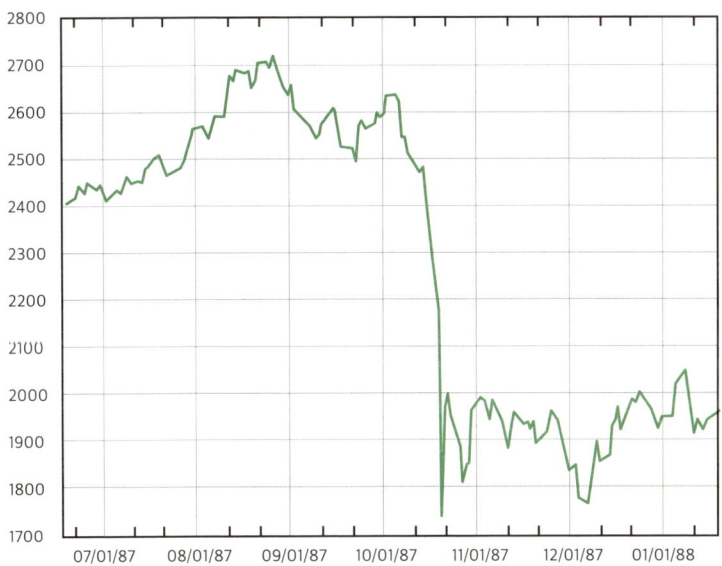

다우 존스 지수(1987.06.19.~1988.01.09.)
출처: 위키백과

이 천둥 번개로 인해 검은 월요일 이전의 주가로 회복히기까지 무려 2년이라는 세월이 걸렸다고 한다.

그렇다면 양떼들이 기겁하고 도망간 그 자리에는 무엇이 남았을까? 쑥대밭이었을까? 아니다. 여전히 기름진 풀밭이 펼쳐져 있었다. 서로 더 좋은 자리를 차지하려고 아웅다웅할 필요도 없는, 그런 풀밭이었다.

증권가에는 오래된 금언이 있다. "대포 소리가 날 때 (주식을) 사서, 바이올린 소리가 울려 퍼질 때 팔아라." 물론 변덕스러운 주식시장을 고려하면 반드시 수용할 만한 말은 아니다. 하지만 대중의 분위기에 휩쓸려 날뛰는 마음을 잠재우는 데는 꼭 필요한 말이 아닐까 싶다. 폭락장에 주식을 매수하겠다고 결심해도, 막상 그 시기를 직면하면 마음이 달라진다. 도리어 두려움이 앞설지도 모른다. 그래서 많은 투자자가 망설이다가 좋은 기회를 놓치곤 한다.

"공포에 주식을 사라"는 격언이 있다. 여기에는 언젠가 오를 거라는 뜻만 있는 게 아니다. 수익률만 들여다보며 느끼는 공포감이나 초조함을 떨쳐내는 것도 언젠가 소중한 자산이 된다. 결국 공포에 압도되지 않고 이성적 판단으로 투자하다 보면 좋은 결과가 따른다. 하지만 공포에 주식을 사는 건 말처럼 쉽지 않다. 막상 공포스러운 상황에 직면했을 때 이성이란 건 잘 작동하지 않는다. 아니면 현금이 없거나.

현금이 없다면 달리 어쩔 수 없다. 하지만 두려움에 마비된 이성이 문제라면 해답이 있다. 바로 대중 투자자들의 두려움을 객관적으로 보여주는 지표를 보는 것이다. 대중의 투자 심리를 나타낸 세 가지 심리 지표를 소개한다.

첫째, CNN Business에서 발표하는 'Fear and Greed Index'다. 이 지표는 시장에 참여하는 사람들의 두려움을 계기판으로 보여준다. 지표를 찾는 방법은 간단하다. 구글 검색창에 'Fear and Greed Index'를 입력한 후 검색 결과 맨 앞에 나온 항목을 클릭하면 된다.

이 지표는 주식시장 심리를 0에서 100까지의 점수로 계산해서 보

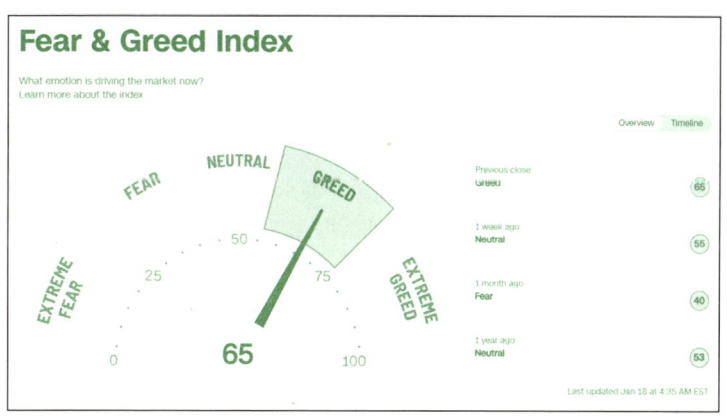

공포-탐욕 지수
출처: CNN BUSINESS

여준다. 100에 가까울수록 'Extreme Greed(극도의 욕심)' 상태고, 0에 가까울수록 'Extreme Fear(극도의 두려움)' 상태다. 지표의 수치를 구성하는 재료는 주가, 주식시장 추세, 옵션 거래 비율, 시장 변동성 등이다. 투자하다 보면 폭락장 속에서 마음이 조마조마하고 불안할 때가 있다. 그때 꼭 이것을 찾아보기 바란다. 만약 계기판의 바늘이 'Extreme Fear'를 가리키고 있다면 매도할 때 신중히 생각하고 판단해야 한다. 이런 상황에 매도한다면 주식시장 저점에서 주식을 헐값에 매도하는 것과 같다.

'Fear and Greed Index'에서 오른쪽 상단의 'Timeline'을 클릭하면 시간에 따라 탐욕과 공포가 어떻게 오르내리는지를 볼 수 있다. 그래프가 위로 치솟을 때는 극도의 탐욕이 시장에 만연한 때다. 이런 때는 보통 너도나도 주식 이야기를 한다. '지금이라도 빨리 그 주식을 사야 하는 것 아닐까' 하는 조급한 마음이 들지 모른다. 그러나 이 시기에는 버블의 위험이 있다. 이 지표를 통해 주식시장의 탐욕을 보고 나면, 조급함의 불씨를 조금이나마 잠재울 수 있다.

둘째, VIX 지수다. VIX는 S&P500 지수 옵션으로 측정하는 변동성 지수다. 이 VIX 지수는 보통 증시 지수와 반대로 움직여서 '공포지수'라고 불린다. 투자 심리와 강력한 마이너스 상관관계를 가지고 있다고 보면 된다. 즉 투자 심리가 좋을 때는 VIX 지수가 낮게 유지되며, 투자 심리가 악화되면 VIX 지수가 치솟는다. VIX 지수는 구글 검

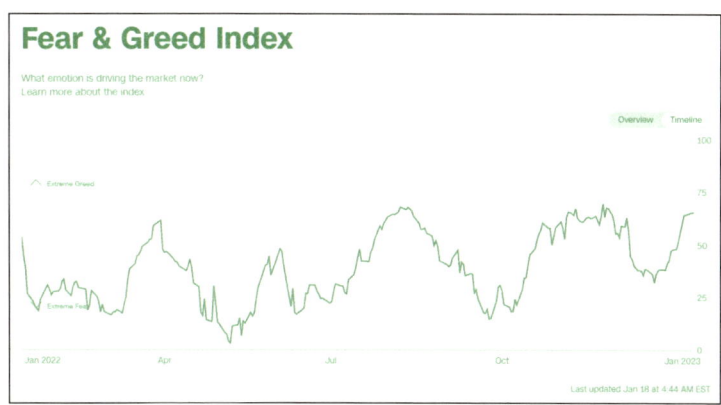

공포-탐욕 지수
출처: CNN BUSINESS

색창에 'VIX 지수'라고 입력하면 바로 확인할 수 있다.

VIX 지수가 20 이하일 때는 매수 심리가 좋은 상태로 투자자들의 심리가 안정적임을 나타낸다. 나쁘게 말하면 버블이 끼어 있다는 의미도 된다. 오랫동안 상승세가 이어지는 시기에는 15~20 정도로 유지된다. 반면 VIX 지수가 40을 넘어 치솟을 때가 있다. 2008년 글로벌 금융 위기 당시에는 사상 최고치인 89.53을 기록했다. 코로나19로 인한 2020년 주가 대폭락 때도 무려 85.47을 기록했다.

VIX 지수에 너무 큰 의미를 부여하면서 세밀하게 관찰할 필요는 없다. VIX 지수 상승이 S&P500 지수 하락을 의미하는 것은 아니기 때문이다. VIX는 'volatility index'라는 그 이름처럼 '변동성'을

VIX 지수
출처: 구글(https://g.co/kgs/5SnPc8)

보여준다. 보통 '변동성' 하면 하락 변동성만을 생각하기 쉽지만, 상승 변동성도 있다. 그러므로 S&P500 지수가 큰 폭으로 상승할 때도 VIX는 상승한다. 즉 VIX 지수는 종잡을 수 없는 형태로 상승과 하락을 거듭하는데, 대체로 15~40 사이의 박스권에서 움직이다가 주식시장이 극도로 긴장할 때 폭발적으로 상승한다. 2008년 금융 위기나 2020년 폭락 때처럼 말이다. 모두가 '세상이 망해가고 있다'라고 외칠 때 이성을 찾고 싶다면, VIX 지수를 확인하자.

셋째, 뉴스다. 신문 서너 개의 헤드라인만 훑어봐도 사람들의 전반적인 심리를 알 수 있다. 경제 신문이 아닌 '조중동' 1면에 주가 대폭락 또는 경기 침체 관련 기사가 실릴 때가 주식시장 사이클에서 저점인 경우가 많다. 여간해서는 일반 신문 1면에 주가 폭락 관련 기사를 대문짝만하게 싣지는 않는다. 주식시장의 소식이 일반 신문의 1면까지 점령할 정도라면 사태가 심각한 것이다. 그런데 시간이 지나고 돌아보면 비로소 깨닫는 것이 있다. 바로 신문 1면의 시장 침체 기사가 '매수 그린 라이트'였다는 사실이다.

이 세 가지 심리 지표는 투자자가 감정과 편견에 이끌려 행동하는 것을 제어해준다. 많은 투자자가 감정적이고, 감정은 투자의 의사 결정에 영향을 준다. 멀찍이 떨어져서 두려움을 볼 수 있다면, 당신은 기회를 발견하게 될지도 모른다.

온갖 악재 속에 세상이 망해간다고 느낄 때 본능에 이끌려 도망치지 말자. 일단 멈춰서서 차분히 생각해보자. 우리의 뇌는 애초에 손실에 더 민감하게 반응한다는 사실을 기억하자. 하락장이든 폭락장이든 시간이 지나면 끝난다. 투자자들은 이 분명한 사실을 꽤 자주 잊는 듯하다. 주식시장은 최악의 시기를 지내고 나면 다시 제자리를 찾는다. 절망적인 상황에는 반드시 끝이 있기 마련이다. 그 어려운 시기를 잘 버텨낸다면 마땅한 보상이 당신을 기다리고 있을 것이다.

"남들이 탐욕스러울 때 두려움을 느껴라. 남들이 두려움을 느낄 때 탐욕스러워져라."

워런 버핏이 말하는 '부자가 되는 방법'이다. 두려움에 압도당하지 말고, 그 두려움을 지긋이 바라보자. 그러면 그 두려움은 어느새 눈처럼 녹아내릴 것이다.

주식 폭망 테크트리 5단계

"야, 너 그거 들었어? 마케팅에 김대리 있잖아. 이번에 셀트리온 사서 120퍼센트 먹었다더라."

"나도 들었어. 기획팀 이과장은 작년에 주식에 몰빵해서 3억 벌었다던데?"

이만큼 강하게 투자의 동기 부여를 하는 소재가 있을까? 나와 별 차이가 없는 듯 보이는 사람들이 투자로 큰돈을 벌었다는 이야기는 자극적이다. 가만히 있다가는 '벼락 거지'가 될 것 같은, 나만 덩그러니 남겨질 것만 같은 초조함마저 들게 한다. 그래서 장기간 상승장이 이어지면 주위 성공담에 자극받아 묵혔던 주식 계좌를 끄집어내는 사람이 많다.

주식 투자를 시작하는 법은 간단하다. 먼저 스마트폰에 주식 거래 앱을 내려받고, 계좌를 개설한다. 돈을 입금하고 주식을 사고판다. 끝이다. 코끼리를 냉장고에 넣는 방법만큼이나 간단하다. 그래서 누구나 어렵지 않게 시작할 수 있다.

주식 투자를 시작하는 것은 좋다. 그러나 일부 투자자는 주식 투자가 망하는 테크트리를 타는 것 같다. 망하는 주식 투자에는 공통점이 있다. 이를 5단계로 구분해서 설명하겠다. 알고 보면 우리 주변에서 자주 있는 일이다.

1단계. 가벼운 시작

A는 며칠 전 주식시장이라는 망망대해에 발끝을 살짝 담갔다. 그에겐 이런저런 생각이 스쳐 지나갔다. '코스닥은 너무 위험하니까 피하고 우량주 위주로 분산 투자해야지.' '욕심부리지 말고, 300만 원으로 하루 3만 원 정도만 번다고 생각하자.' '삼성 관련 주식이 그나마 안전하지 않을까?'

초심자는 이런 식으로 투자 초반에 자기 나름의 원칙을 세운다. 처음부터 무리하는 투자자는 거의 없다. 바다에 몸을 던지기 전에 발끝을 살짝 적셔보듯이, 초심자는 조심스럽다. 첫 투자금은 보통 1000만 원 미만으로 시작한다. 대학생들의 경우 20~30만 원의 소액으로 시작하기도 한다. 1단계는 이처럼 평이하게 흘러간다. 시작부터 빚을 내서 주식을 사고파는 투자자는 없다. 시작은 비교적 건전하다.

2단계. 작은 성공

A는 주식 투자를 시작한 지 얼마 안 돼서 '작은 성공'을 경험했다. 300만 원으로 열흘 만에 15퍼센트의 수익을 달성한 그에게는 45만 원의 '불로소득'이 생겼다.

'투자한 지 열흘밖에 안 됐는데 수익률 15퍼센트라니! 이 수익이 계속 쌓이면 대체 얼마지?'

A는 머릿속에서 계산기를 두드렸다. 주식 투자로 금방 부자가 될 수 있을 것 같았다. '가볍게 맥북 하나 들고 발리 같은 곳에서 디지털 노마드로 사는 건 어떨까?' 주식 투자를 잘해서 파이어족이 된 자신의 미래를 그리자 그의 온몸에 전율이 흘렀다.

주식에서 작은 성공은 확실히 쾌감을 준다. 하지만 이때부터가 위험하다. 이 초기 성공의 크기는 훗날 비극의 크기와 일맥상통한다. 자칫 '나는 절대로 잃지 않는 투자를 한다'거나 '혹시 투자 천재 아닐까' 하는 착각에 빠져 무리한 투자의 막을 여는 시발점이 되기 때문이다. 투자 천재라는 착각은 곧 다음 생각으로 이어진다. '300만 원이

아니라 3000만 원을 투자했다면, 450만 원 벌 수 있었는데, 아깝다.'

간혹 작은 성공, 다시 말해서 '초심자의 행운'을 경험하지 못하는 투자자도 있다. 나 역시 그랬다. 투자를 시작한 지 2주도 안 됐을 무렵 주식시장이 무너져내렸다. 그 흔한 초심자의 행운마저 나를 비껴간다는 사실에 분통이 터졌다. 그런데 지나고 보니 그게 행운이었다. 시작하자마자 대폭락을 경험한 덕분에 나는 주식 투자를 안전하게 하는 습관이 몸에 배었다. 그뿐인가. 웬만한 하락장은 무던하게 지나가는 '멘탈 파워'까지 갖게 되었다.

나처럼 운 좋게 2단계에서 '작은 성공'을 비껴갔다면 축하한다. 당신은 망하는 테크트리를 타지 않고 초기에 일찍 내려온 것이다. 하지만 안타깝게도 주식 투자 초기에 달콤한 성공을 맛본 투자자는 3단계로 넘어간다.

3단계. 차오르는 자신감

주식 투자 초기에 성공을 경험한 A는 위풍당당했다. A는 요즘 들어 무슨 좋은 일 있느냐는 질문을 자주 받는다. 그의 주식 투자는 순조로웠고, 마치 희망의 오라가 그를 감싸는 듯했다. 주식 창을 열 때마다 주식 계좌에 빨갛게 핀 수익률 꽃들이 자신을 반겨주는 것 같았다. A는 절로 웃음이 났다. '이게 바로 금융 치료구나!' A는 온갖 스트레스를 치료하는 돈의 힘을 실감했다.

주식 공부를 제대로 한 적이 없는데도 최근 열흘간 15퍼센트의 수익을 낸 A는 자신감이 붙었다. 주식 공부를 한다면 대박 나는 게 아닐까? 자신의 재능을 뒤늦게 발견한 데에 대한 아쉬움마저 들었다. 그는 자신의 재능을 조금 더 과감하게 발휘해야겠다고 생각했다.

'고작 300만 원으로 15퍼센트, 20퍼센트짜리 수익을 내봐야 여전히 가난한 데다 너무 오래 걸려. 지름길을 찾아야 해. 시드 머니를 늘리는 것이 좋겠어.'

A는 여기저기서 돈을 끌어모아 더 과감하게 투자했다. 투자금을 늘리는 것과 동시에 그는 투자 공부의 양도 늘렸다. 안 보던 주식 채널도 보기 시작했다.

자신에 대한 과신, 빚내서 마련한 시드 머니, 치열한 주식 공부, 이 3종 세트로 그는 저돌적인 투자를 시작했다. 하지만 행운은 거기까지였다. 머지않아 폭락장이 찾아왔다. 사실 주식시장에 폭락장이 찾아오는 일은 일상적이다. 항상 좋을 수는 없듯이 항상 올라가기만 하는 주식시장은 없다. 주식시장에서 폭락과 폭등은 동전의 앞뒤처럼 동시에 존재한다고 보면 된다.

안타깝게도 A가 투자금을 늘린 그 시점에 갑자기 주식시장이 주저앉았다. 대체 무슨 일인지, A는 당황스러웠다. 그는 온 힘을 다해서 이 상황에서 탈출해야만 한다는 생존 본능을 느꼈다.

4단계. 집착의 시기

A는 숨이 막혔다. 밤에 잠도 잘 오지 않았다. 악재가 무엇인지, 회생 가능성은 없는지 찾아보다가 지쳐서 새벽녘에 잠들기 일쑤였다. 혹시 좀 나아지지는 않았을까 싶어, A는 수시로 주식 창에 접속했다. 그러나 주식시장 상황은 점점 더 안 좋게 흘러갔고, 그는 점점 이성을 잃어갔다. 잠 못 드는 밤이 이어지다 보니 회사 생활까지 엉망이 되었고, 방만한 회사 업무로 상사에게 주의까지 받았다. A는 신경 써야 할 것이 너무 많아 마음이 복잡했다. 미국 물가, 우크라이나 전쟁, 중국과 미국의 외교 갈등, 회사 업무 등 세상은 그를 잠시도 내버려두지 않았다.

빚까지 내서 투자한 A의 수익률은 마이너스 30퍼센트였다. 암담했지만, 그대로 주저앉을 수는 없는 노릇이었다. 그는 이 난국을 극복하기 위해 최선의 노력을 기울였다. 그러나 주식시장이 어디 애쓴다고 극복할 수 있는 성질의 것이던가? 투자는 시험공부가 아니건만, A는 자신의 노력 부족을 탓하기 시작했다. 더 열심히 공부해서 이 손실을 만회해야겠다는 생각에 사로잡혔다.

5단계. 손실 만회를 위한 더 과감한 배팅

A는 결국 주식 폭망 테크트리 5단계까지 오고야 말았다. 이 단계에서 투자자는 자신이 갖고 있지 않은 것까지 잃는 경험을 한다. 5단계까지 온 투자자들의 계좌는 이미 반토막 이상이 난 경우가 많다.

A는 1억 원을 투자해서 5000만 원 정도 손해 본 상태였다. 월급으로 빚을 갚는다 해도 앞으로 2~3년간 뼈 빠지게 벌어서 갚아야 한다고 생각하니 눈앞이 깜깜했다. 그는 손해를 투자 수익으로 메꾸는 방법밖에 없다고 생각했다.

그러나 일반적인 주식 투자로 그 손실을 메꾸기는 요원해 보였다. 그는 3배 혹은 5배 레버리지 투자, 코인 옵션 투자 등 점점 더 감당할 수 없는 세계로 빠져들었다.

'빚으로 수익을 내서 빚을 갚겠다'라고 생각할 때쯤이면 몰락은 예정된 거나 다름없다. 손실 만회를 위해 더 과감히 배팅하는 단계는 제삼자가 보기에 거의 자해에 가깝다. 불길함을 감지한 주변 사람들이나 가족은 매서운 충고를 한다. 하지만 이 충고는 당사자의 귀에 잘 안 들어간다. 투자자는 자신의 집념을 더 강화할 수 있는 정보만을 선별적으로 입수하기 때문이다. 아마 투자자 자신도 파국의 길로 접어들었음을 모르지는 않을 것이다. 다만 알면서도 이 행동을 멈출 수 없게 되고, 급기야는 손쓸 수 없는 형국에 이르고 만다.

혹시 당신은 몇 단계쯤에 와 있는가? 특정 단계에서 '이건 내 이야기'라는 생각이 들었을지도 모른다. 그런 생각이 들었다면 자기 객관화가 어느 정도는 된 셈이다.

투자 초보든 중수든 고수든 막론하고 가끔 멈춰서서 생각해볼 필요가 있다. 늪에 빠진 채 열심히 허우적거려봐야 소용없다. 더 깊이 빨려 들어갈 뿐이다. 무의식적으로 허둥대지 말고 스스로에게 질문을 던져보자. 나는 대체 지금 무엇을 하고 있는가?

주식 폭망으로 가지 않는 방법이 있다. 애초에 주식으로 빠르게 부자가 되겠다는 생각 자체가 첫 단추를 잘못 끼운 것이다. 주식 투자에서 폭망하지 않는 최선의 방법은 건전한 방향성을 가진 투자다. 이제부터 구체적 사례와 함께 건전한 투자를 위한 생각의 길을 내는 방법에 대해 설명하겠다.

3

과감한 배팅의 심리

왜구 침략 전쟁 때 일이다. 열여섯 살 소녀가 왜군에게 쫓겨 도망치다 절벽에 다다랐다. 소녀에게 남은 선택지는 두 가지였다. 왜군에게 잡혀 정절을 빼앗길 것인가, 아니면 절벽 아래로 떨어질 것인가? 최악의 선택지만 남은 소녀는 극단적인 선택을 했다.

이 이야기는 김시습의 《금오신화》에 나온 서사의 일부다. 간혹 투자나 사업을 하다가 극단적인 선택에 내몰리는 사람을 보게 된다. 빚더미에 올라 파산 신청을 할지, 밑바닥부터 다시 시작할지, 한강에 갈지, 그들에게는 사방이 낭떠러지다. 애초에 자신을 이런 궁지로 내몰지 않는 게 최선이었다. 그러나 이미 엎질러진 상황에서 자책해봐야 소용없다. 이때는 어느 길이라도 하나를 선택해야 한다.

"제가 빚을 갚아야 합니다. ○○주식을 사면 그 수익으로 빚을 갚을 수 있을까요?" 이런 메일이 받은 적이 있다. 나는 이 질문자에게 우선순위를 먼저 일깨워줘야 했다.

"빚을 갚는 것이 우선이라면, 주식을 살 돈으로 빚을 먼저 갚는 편이 낫습니다."

빚을 전략적 투자 수단으로 활용하는 것이라면 질문자가 원하는 주식을 살 수도 있다. 장기적으로는 오를 가능성이 더 클 테니 말이다. 하지만 질문자는 '투자로 수익을 내서 빚을 갚는 것을 원한다'는 희망 사항을 내비치고 있었다. 주식 투자로 수익을 내서 빚을 갚는다는 것은 현실 세계에서 쉬운 일이 아니다. 이는 오히려 자신을 조금씩 낭떠러지로 몰아세우는 행위다. 자신을 극한으로 내몰다 보면 '한 방'을 노리는 투자로 가기 십상이다. 사람은 발 디딜 곳 없는 수세에 몰렸을 때 극단적인 선택을 한다. 앞서 말한 바 있지만, '배수진을 치고 투자하겠다'라는 건 몹시 위험한 발상이다.

영화 〈300〉에는 맨몸으로 페르시안 100만 군대와 대적하는 300명의 스파르타 용사들이 나온다. 이들은 자신의 목숨을 걸고 페르시아의 침략에 대적해 싸웠다.

페르시안 100만 군대가 침공한 상태에서 스파르타인들은 막다른 골목에 서 있었다. 항복해서 자신과 가족들이 모두 노예가 되든지, 전장에 나가서 죽든지 둘 중 하나를 선택해야 했다. 둘 다 비극이다. 확실히 노예가 되는 것보다 전쟁하는 것이 그들에게는 나은 선택이었을 것이다. 단 0.1퍼센트라도 승리의 가능성이 있기 때문이다.

《금오신화》에 나오는 어린 소녀나 300명의 스파르타 용사들처럼 자신이 쥐고 있는 패가 좋지 않을 경우 사람은 위험을 추구하는 경향이 있다. 대개는 자포자기하는 심정으로 극단적 선택을 하기 쉽다. 게임 하나를 준비했다.

A: 당신은 '슬렁슬렁' 자산 1억을 모았다.
B: 당신은 '힘들게' 자산 4억을 모았다.

먼저 A, B 둘 중 한 명의 삶을 선택하자. 선택했는가? 그렇다면 이제 게임 규칙을 설명하겠다. 당신은 '현재 가지고 있는 전 재산'을 걸고 게임에 참여해야 한다. 이미 발을 들인 이상 게임에 참여하지 않을 방법은 없다. 마음의 준비가 되었는가? 그렇다면 본격적으로 게임을 시작하겠다.

1번: 도박한다. 1억을 딸 확률 50퍼센트, 4억을 딸 확률 50퍼센트다.
2번: 무조건 2억을 받는다.

1번과 2번 중 하나를 선택하라. 전 재산을 건 당신의 선택은 무엇이었는가? A? 아니면 B? 이 게임은 극단적 선택을 할 수밖에 없는 상황을 투자자에게 인지시키고 좀 더 건전하고 신중하게 투자하는 방법을 고려하길 바라는 마음에서 준비한 것이다. 이제 게임의 결과를 살펴보자.

A를 선택한 당신은 전 재산 1억을 내놓더라도 1번이든 2번이든 어느 쪽을 선택해도 이익이다. 그래도 한쪽을 선택해야 했으니, A인 당신은 아마 2번을 택했을 것이다.

한편 B를 선택한 당신은 상황이 다르다. 전 재산 4억을 내놓는 상황에서는 1번도 2번도 손해다. B에게는 둘 다 나쁜 선택지다. 하지만 이 게임의 규칙은 전 재산을 거는 거였던 만큼 선택도 해야 한다. B를 선택한 당신은 1번, '도박'을 선택했을 것이다. 무조건 받는 2번을 선택하면 재산의 절반을 잃게 되지만, 도박을 선택한다면 이겼을 경우 그나마 자기 재산을 지킬 수 있는 여지가 있기 때문이다.

A와 B는 이처럼 각자 다른 선택을 할 가능성이 크다. 한 명은 확실한 이익을 선택하고, 다른 한 명은 도박을 선택한다. 2번을 선택하면 무조건 2억을 받는다는 결괏값은 동일하다. 하지만 이 값은 각자의 상황에 따라 다르게 받아들여진다. 그 이유는 A와 B의 기준이 되는 '준거점'이 다르기 때문이다. A는 이익을 생각하고, B는 손실을 생각

한다. 즉 두 사람이 맞닥뜨린 선택은 같지만, 그들의 심리 척도는 완전히 달라지는 셈이다.

좋지 않은 선택만 남겨진 사람은 왜 파멸적인 선택에 손을 뻗는가? 심리학에서는 이를 '베르누이 오류 bernoulli's errors'라고 부른다. 베르누이 이전의 수학자들은 도박이 기댓값으로 평가된다고 생각했다. 하지만 베르누이는 심리학적 혜안으로 부의 효용을 들여다봤다. 즉 사람들의 선택은 금액 가치가 아니라 결과에 대한 심리적 가치라고 생각했다.

S전자에 근무했던 당시 직장 동료였던 C는 말했다. "이미 부동산 빚이 5억인데, 3000만 원 더 손해 본다고 뭐 달라질 것 있어? 5억이나 5억 3000만 원이나 그게 그거지 뭐."

당시 C는 소위 말하는 '잡주'에 8000만 원 정도 투자해서 마이너스 3000만 원인 상황이었다. '3000만 원 손해'라는 것만 놓고 보면, 정말 큰돈이다. 이 정도면 누군가의 연봉이다. 그러나 '빚이 5억에서 5억 3000만 원이 된다고 해서 크게 달라질 것 없다'는 그의 말에는 묘하게 설득됐다. '같은 돈 다른 느낌'이 어떤 것인지 실감했다.

이는 '준거점'의 중요성을 보여주는 사례다. 1억이나 1억 300만 원이나 그게 그거 같다. 준거점이 1억 원이기 때문이다. 그러나 300만 원을 뚝 떼놓고 생각하면, 꽤 큰돈이다. 이는 누군가의 한 달 월급, 즉 한 달간 수고한 귀한 시간의 대가다.

"늦었다고 생각할 때가 진짜 너무 늦은 거다. 그러니 지금 당장 시작해라."

〈무한도전〉은 종영한 지 오래되었지만, 박명수의 이 말은 아직도 종종 회자된다. 늦었다고 생각할 때가 늦었는지 아닌지는 각자 판단할 문제겠지만, 지금 당장 시작해야 하는 것은 맞다. 늦었더라도 방향키가 아직 내 손에 있다면 최대한 올바른 방향으로 돌려야 한다. 빚이 5억이든 5억 3000만 원이든 그게 그거라고 해서 3000만 원을 내던지듯 투자하면 어떻게 될까? 앞으로 주어질 점점 더 힘든 선택지를 각오해야 할 것이다.

과감한 배팅을 하는 이면에는 복잡한 마음이 도사리고 있다. 그 상황에 부딪혀보지 않은 사람은 잘 모르는 절박함 같은 것이 있다. 만약 지금 당신이 절박한 심정으로 극단의 확률에 배팅하려고 한다면 부디 멈춰서길 바란다.

옥죄어오는 빚이 페르시안 100만 군대처럼 여겨질 수도 있고, 빚을 피해 도망가려고 하지만 바로 앞이 낭떠러지라 오도 가도 못하는 상황일 수도 있다. 당신이 서 있는 그곳이 낭떠러지라면, 뛰어내리기 전에 낭떠러지를 찬찬히 살펴보자. 어쩌면 그 낭떠러지에는 내려갈 수 있는 계단이 있을지도 모른다. 그 계단이 너무 길어서 내려가다 지쳐 떨어질 것 같아도, 차분하게 한 계단 한 계단 밟고 내려가자. 빚은 그렇게 갚으면 된다. 끝이 보이지 않아 처음에는 막막해도 그렇다 내려가다 보면 언젠가 마지막 계단이 보일 것이다.

  투자도 마찬가지다. 저 높은 고지까지 단박에 날아갈 방법 같은 건 없다. 있다 해도 그것은 분명 단번에 날아오른 만큼 단번에 추락하는 방법일 수 있다. '한 방'을 노리는 투자는 위험하다. 높은 고지를 향해 올라가려면 먼저 주위를 둘러보자. 계단이든 에스컬레이터든 엘리베이터든 보일 것이다. 그것을 타고 차근차근 올라가 보자. 그러다 보면 때때로 주식시장에서 불어오는 순풍이 당신을 밀어 올려주기도 할 것이다.

주식시장의 클리셰

공포 영화를 보면 주변 사람들의 만류에도 호기심을 못 참고 행동하는 사람이 꼭 한 명씩은 있다. 보통 이런 캐릭터는 건장하거나 자신만만하며 의협심이 강하다. 혹은 까불거리면서 단독 행동을 하거나 잘난 척을 한다. 그리고 이런 캐릭터가 가장 먼저 죽는다.

"풉! 너희들은 그런 걸 믿니?" (사망)

"으악! 나 혼자서 도망갈 거야!" (사망)

"뒤돌아보지 말라고? 그럼 더 보고 싶어지지. 휙!" (사망)

이는 공포 영화 속에서 익숙하게 등장하는 클리셰다. 모든 무리수 속에서도 살아남는 사람이 있다. 바로 주인공이다. 주인공은 온갖 험난한 상황에서도 기적적으로 살아남는다. 또한 그들은 목숨이 몇 개라도 되는 듯 행동한다. 행여라도 주인공이 죽을 위기에 처하면 절묘한 순간에 구세주가 등장한다. 그렇게 주인공은 마지막까지 극적으로 살아남는다. 그리고 비장한 음악이 흐르면서 엔딩 크레딧이 올라온다. 무리한 투자를 감행하는 사람들을 보면 자신을 이런 영화 속 주인공쯤으로 여기는 듯하다.

공포 영화의 클리셰는 주식시장에서도 비슷하게 나타난다. 과도한 빚으로 주식 투자를 하는 사람은 처음에는 날고 뛰지만, 나중에 보면 쥐도 새도 모르게 사라지고 없다. 물론 주식시장에도 무리한 배팅을 하면서도 목숨을 부지하는 주인공들이 있다. 하지만 절대 자신을 그 주인공이라고 착각해서는 안 된다. 영화 속 주인공이 한두 명이듯, 대부분의 투자자는 조연이나 엑스트라다. 그렇다고 해서 일개 개미 투자자에 지나지 않는 자신의 처지를 안타깝게 여길 필요는 없다. 거대한 빚 레버리지는 투자계의 거물도 한 방에 몰락시키기 때문이다.

"혹시 주식 투자로 큰 부를 일궜다가 망하는 분들을 본 적 있으신가요?"

프리즘투자자문의 홍춘욱 대표와 인터뷰를 진행했을 때, 나는 평소 궁금했던 질문을 던졌다. 그는 투자 업계에 오랜 기간 몸담으면서 거물 투자자들을 많이 만나왔을 터였다. 내 질문에 홍춘욱 대표는 단 1초의 망설임도 없이 대답했다.

"잘 나가다가 망하는 사람은 많이 봤죠. 보통 과도한 레버리지 투자가 그 이유입니다."

과도한 레버리지 투자는 쉽게 말해서 무리한 '빚투'를 한다는 것이다. 인터뷰가 끝나고 얼마 지나지 않아서 나는 월스트리트에서 활동하는 투자계 거물 빌 황의 몰락 소식을 접했다. '월가 역사상 최단 시간 최대 손실, 몰락한 한국계 신화'라는 제목의 기사를 통해서였다. 빌 황은 월가를 뒤흔들 정도로 전설적인 인물이었기에 더 놀라웠다.

한국계 미국인 투자자였던 빌 황은 미국 명문대를 수석 졸업하고, 대규모 헤지펀드를 성공적으로 운영해온 엘리트였다. 그에게는 언제나 '천재 투자자', '월가의 성공 신화'라는 수식어가 따라붙었다. 성공을 거듭함에 따라 그의 투자는 점점 더 대담해졌다. 그는 500억 달러(약 63조 8500억 원) 상당을 주식에 투자했다. 그중 회사의 보유 자산이 100억 달러(약 12조 7500억 원)였고, 나머지 400억 달러(약 51조 1000억 원)는 글로벌 메이저 금융사에서 빌린 돈이었다. 은행의 거대 자본은 막대한 신용 대출의 수수료 수익을 탐내며 대출을 승인했을 것이다.

그러나 빌 황이 투자한 주식의 주가가 급락했다. 주식 자산의 담보 가치가 하락하자, 돈을 빌려준 금융사들은 현금을 추가로 요구했다.

이른바 '마진콜(투자 손실로 발생하는 추가 증거금 요구)' 상황이 발생한 것이다. 빚을 감당할 수 없었던 빌 황은 결국 디폴트(채무 불이행)를 선언했다. 이에 따라 돈을 빌려준 모건스탠리, 노무라증권 등의 글로벌 금융사들은 수십 억 달러의 손실을 입었다. 큰 손실을 보고 가만히 있을 금융사들이 아니다. 현재 그들은 법정에서 진흙탕 싸움을 하고 있다.

수백억 달러 마진콜 사태의 장본인 빌 황의 변호사는 "의뢰인은 어떤 잘못도 하지 않았다"고 성명을 밝혔다. 맞다. 빚내서 투자한 것 자체가 죄는 아니다. 돈을 차입한 주체도 빌 황의 '회사'이므로 회사를 파산시키면 그만이다. "부자는 망해도 3년 먹을 것이 있다"는 옛말이 있는데, 실제로는 그 이상일 것이다. 시스템을 잘 갖춰두고 투자한 빌 황은 3년이 아니라 앞으로도 계속 잘살 것이다. 다만 그는 돈보다 너 중요한 것을 잃었다. 바로 신뢰다. 사업가에게 신뢰보다 더 중요한 것이 있을까? 특히 미국 사회에서는 더 그렇다. 신뢰를 회복하는 것은 잃은 돈을 회복하는 것보다 더 오랜 시간이 걸릴 것이다.

빌 황의 경우와 투자 규모는 다르지만, 방송인 조영구의 주식 투자 실패담이 언론에 소개된 적이 있다. 그는 연예계 대표 '주식 마이너스의 손'으로 알려져 있다. 그의 투자 실패의 중심에도 무리한 빚이 있었다. 지금까지 그의 투자 손실을 추산해보면 무려 20억 원이 넘는다고 한다. 그를 무리한 빚투로 이끈 것은 첫 투자의 작은 성공이었다.

지인의 권유로 주식 투자를 시작한 그는 처음에 2000만 원을 투자해서 1000만 원을 벌었다. 보름 만의 일이었다. 'easy money', 즉 쉽게 돈 버는 재미에 사로잡힌 그는 주식 담보 대출 등으로 무리한 투자를 감행했다. 그렇게 15억을 투자해서 13억을 날렸다.

빚으로 주식 투자를 하는 이는 의외로 많다. 정도의 차이는 있지만, 빚으로 하는 주식 투자가 최근 꽤 보편화되었다. 접근성이 좋은 마이너스 통장, 신용 대출 혹은 담보 대출 등 열린 대출의 기회는 일반인들의 빚투를 부추겼다. 대출을 활용하는 논리는 '시드 머니가 많을수록 더 큰 수익을 낼 수 있다'는 점이다. 여기서 '수익'은 과거에 꽤 괜찮은 수익을 냈던 경험이 기준치가 된다.

공포 영화의 주인공처럼 마지막까지 살아남기만 한다면 어떤 수단과 방법을 써도 상관없다. 다만 투자자가 반드시 염두에 둬야 하는 게 있다. 시드 머니가 많을수록 더 큰 손실을 낼 수 있다는 사실이다. 다시 말해 상승장에 누려온 수익률이 기준치가 되어서는 안 된다. 그 수익률은 일반적인 주식시장에서 달성하기 쉽지 않기 때문이다. 아무리 건강한 물고기여도 수질이 나쁘면 비실거린다. 훌륭한 기업에 투자해도 시장 전체가 흔들거리는 상황이면 높은 수익을 얻기 어렵다. 기업이 좋다고 주가가 마냥 오르는 건 아니다.

오랜 기간 주식 투자를 이어가기 위해서는 수익률을 떠나서 망하지 않아야 한다. 과도한 레버리지 투자는 계좌를 망친다. 공포 영화

속 클리셰처럼 계좌가 사망에 이른다.

"잘 아는 지인이 내부 정보로 콕 집어준 종목이니까, 이번엔 다를 거야."
(사망)

"저번에 수익률은 좋았는데 적은 시드 머니가 문제였어. 이번엔 영혼을 끌어모아……." (사망)

상승장에 얻었던 수익률을 기준으로 긍정의 사고 회로만 돌려서는 안 된다. 하락장이나 보합장에서는 높은 수익률을 만들어내기 어렵다. 초기 성공한 수익률에 사로잡혀 있으면 더 큰 열정을 투입하고, 그 열정은 빚을 투입한다. 더 큰 손실을 막기 위해서는 긍정 회로에서 재빨리 선회할 필요가 있다. 사실 이건 스스로 하락장을 경험해보면서 체득하는 것이 가장 효과적이다.

빚으로 주식을 사고, 추가 매수로 평단가를 낮추려 애쓰고, 손실을 만회하기 위해 더 큰 대출을 받는다. 이는 주식 투자로 망하는 일련의 과정이다. 단기적으로 수익을 맛본 투자자는 주식에 과하게 몰두하는 경향이 있다. 이는 빚까지 끌어 투자하는 유인으로 작용한다. 잘 알지 못하는 분야에 너무 큰 노력을 들이면 일을 그르치기 쉽다. 바꿔 표현하자면, 무리한 빚을 내서 주식 투자를 한다는 것은 과하게 열심히 한다는 것이기도 한데, 과하면 탈이 나기 마련이다. 투자는 모든 가능성을 끌어모아 정성들여 한 땀 한 땀 짓듯이 하는 것이 아니다. 빚을 내가며 정성을 다하는 투자는 여유로운 일상을 좀먹는다.

요즘 많은 사람이 '경제적 자유'를 외친다. 그리고 저마다의 경제적 자유 기준을 세운다. 누구는 10억이고, 누구는 20억이다. 하지만 내가 생각하는 경제적 자유는 조금 다르다. 자산의 규모보다 더 우선순위가 되는 것은 '빚으로부터의 자유'다.

"퇴사를 하려면 돈이 얼마나 있어야 하냐고? 그것보다 더 중요한 것이 있어. 빚이 없어야 해. 자산이 얼마인가를 떠나서 빚이 있으면 퇴사하기 어려워."

예전 직장 선배가 퇴사하면서 내게 했던 말이다. 사실 당시 갓 대리를 달았던 내게 그의 말은 와닿지 않았다. 10년 근속 후 퇴사 시점이 되어서야 비로소 그가 말한 '빚이 없는 자유'를 실감했다. 나 역시 빚이 없었기에 퇴사할 수 있었다. 만약 빚이 있었다면 나는 회사를 떠나기 어려웠을 것이다.

나는 사회 초년생 시절 빚으로 어려움을 겪었던 적이 있다. S전자에 입사하면 마통(마이너스 통장)을 만들 수 있다는 정보에 솔깃해 바로 3000만 원짜리 마통을 만들었다. 당시 나는 3000만 원이라는 공돈이 생긴 듯한 기분과 동시에 벌어서 갚으면 된다는 생각으로 마통 한도를 꽉꽉 채워 3년 가까이 소비를 즐겼다. 결과적으로 200만 원 후반대의 월급으로 매달 300~400만 원 정도를 웃돌게 쓴 셈이다. 결국 카드값 연체는 말할 것도 없이 휴대폰 요금조차 내지 못하는 상황에까지 이르고 말았다. 지금으로부터 약 10여 년 전의 일이다.

그때의 뼈저린 경험 때문인지, 나의 주식 투자 제1원칙은 '빚내서 투자하지 말 것'이다. 나의 투자는 존버가 일상이다. 갚으라고 닦달하는 곳이 없으니 시세에 쫓기지 않고 5년이고 10년이고 눌러앉을 수 있다. 탄탄한 기업을 선택하면 2~3년 안에 주식을 사고팔아야 할 일은 발생하지 않는다. 빚 없이 여윳돈으로 투자하고, 느긋하게 기다릴 수 있는 안전 마진을 갖는 것. 이것이 내가 생각하는 '경제적 자유'다.

사업 부도든 투자든 망하는 사람들에게는 '과도한 빚'이라는 공통적 그늘이 있다. 그들은 과도한 빚을 청산하기 위해 또 다른 빚을 만든다. 만약 빚으로 수익을 극대화하려는 모험을 시작하겠다면 기억해야 할 것이 있다. '추는 한 방향에 오래 머무르지 않는다'는 사실이다. 다시 말해 상승장은 계속되지 않는다. 물론 하락장도 영원하지 않다. 그러므로 당신에게 묻고 싶다. 당신은 주식시장의 파도를 견뎌낼 방파제를 마련했는가?

"강세장에서 최대의 도박으로 최대의 이익을 얻은 사람들은 거의 항상 필연적으로 뒤따르는 약세장에서 가장 큰 손실을 보는 사람들이다."

가치 투자의 아버지 벤자민 그레이엄의 말이다. 지금 빚투를 하고 있다면, 혹은 생각하고 있다면 반드시 새겨들어야 할 말이 아닐까?

5
주식 트레이딩을 하면 생기는 일

"MIT 수학 천재들이 라스베이거스 카지노를 털었다!"

'천재', '카지노', '털었다', 이 세 단어는 도박꾼들을 자극한다. 도박꾼들의 꿈을 대리 실현한 이 천재들의 주 종목은 블랙잭이었다. 그들은 카지노를 이기기 위한 전략으로 '카드 카운팅' 기술을 활용했다. 카드 카운팅은 과거에 나온 카드를 토대로 앞으로 나올 카드와 자신의 승률을 예측하는 것이다. 이 실제 사건은 유명해져 영화 〈21〉로도 제작되었다.

"보이는 카드는 과거, 나올 카드는 미래, 기억력이 중요하다!" 이는 영화 속 '천재 도박단'을 이끄는 '지도 교수'의 가르침이었다.

영화 〈21〉에서는 카드 카운팅만 제대로 하면 승리가 팡팡 터지는 것처럼 보여준다. 그러나 실제는 다르다. 카드 카운팅이 블랙잭 게임에 미치는 영향은 1퍼센트 내외로 알려져 있다. 49.x퍼센트 대의 플레이어 승률을 50.x퍼센트 대로 올리는 정도랄까? 더 쉽게 설명하자면 게임을 100번 하면 한 번 정도 더 이기는 수준이다. 게다가 호구가 아닌 이상 카드 카운팅이 존재한다는 것을 간과한 카지노가 넋 놓고 있을 리 없다. 연간 수십억 달러의 돈줄을 그렇게 허술하게 관리하지 않는다. 과거에는 카드 카운팅이 어느 정도 효력이 있었을지 모르지만, 게임의 규칙을 정하는 건 카지노다. '룰 메이커'는 여러 벌의 카드를 활용하는 방식으로 카드 카운팅을 의미 없는 것으로 만든다.

합법 도박장이나 주식시장에도 카드 카운팅 방식으로 투자하는 이들이 있다. 바로 주식 트레이더들이다. 주식 트레이더들은 주가의 시세 움직임을 이용해 비효율적 시장의 허점을 노리고 기술적 분석에 입각해 투자한다. 주식시장의 빈틈을 잘 찾아낸다면 분명 수익을 낼 수 있다. 코인 시장에서 한때 횡횡했던 차익 거래(특정 코인을 A국에서 저렴하게 사서 B국에서 비싸게 파는 것)는 시스템적 빈틈을 활용한 투자의 일환이다.

트레이딩 방식으로 본격적인 투자를 하려면 어떻게 해야 할까? 먼저 자신에게 유리한 승률을 가져갈 수 있는 원칙을 마련해야 한다. 여기서 수학적 머리가 조금 필요하다. 원칙을 만들었으면 그에 대한 철저한 백테스팅(과거 데이터 기반, 트레이딩 전략 실행 가능성 테스트)과 위기 상황에 대응할 매뉴얼이 필요하다. 이런 식으로 확률을 자신에게 약간만 유리하게 만들면 된다. 그다음부터는 '플레이 횟수'가 관건이 된다. 규칙에 따라 무한정 플레이하면 반드시 이기는 게임이 되는 것이다. 정말 순수한 자본의 세계다!

하지만 그보다 먼저 자신이 트레이딩과 맞는지의 여부를 판단해야 할지도 모르겠다. 나 역시 트레이딩을 했다. 일명 '주식 단타왕'으로 불렸던 회사 선배가 알려준 노하우로 수개월간 트레이딩을 경험했다. 그 노하우란 바로 '초단타'였다. 초기 자금 5000만 원으로 시작한 투자는 매월 80~200만 원 정도의 수익을 냈다. 복잡한 차트 분석 따위가 필요 없는 대신 실수하거나 깜박하는 인간적 결함을 주의해야 했다. 규칙을 알고 있으니 장기간에 걸쳐 무한정 플레이하면 끝이었다. 그런데 나는 거기서 멈췄다.

당시 나는 글로벌 초우량주를 사두고 아무것도 하지 않는 투자에 상당히 매료되어 있었다. 더욱이 이 방식으로 장기간 만족스러운 수익을 일궈왔던 터였다. 우량주 장기 보유를 즐겁게 느끼는 나는 감정을 빼고 반복적인 조작을 꾸준히 하는 것이 힘들었다. 매일 꾸준히 동작하면 되는 일인데 왜 하기 싫다는 마음이 들었을까? 이런 의문이 남았지만, 스스로 똑 떨어지는 답을 얻기는 어려웠다.

트레이딩을 하다 멈춘 것은 비단 나만이 아닐 것이다. 트레이딩은 원칙에 따라 반복적 플레이를 하는, 일명 돈을 만들어내는 기계 앞에서 꾸준히 조작만 하면 된다. 그런데 나를 포함해 많은 사람이 도중에 포기한다. 자금의 한계, 매일 시장을 체크하고 장중 모니터를 봐야 하는 번거로움, 매매하지 않으면 수익도 손실도 없다는 심리적 싸움 등의 이유도 있을 수 있지만, 가장 큰 이유는 어쩌면 감정을 빼고 기계적으로 뭔가를 하는 것이 그만큼 어렵기 때문일지도 모른다.

나는 행위의 본질적 의미를 중시한다. 그런 나에게 트레이딩은 맞지 않았다. 나와는 반대로 주식은 팔아야 의미가 있다고 주장하는 이들도 있다. 그러나 주식시장의 탄생 기원을 거슬러 올라가 보면, 그 주장과는 다른 의미를 찾을 수 있을지 모른다.

최초의 주식회사는 1602년 설립된 네덜란드 '동인도회사'였다. 17세기 동인도회사는 아시아 지역의 독점 무역으로 엄청난 이윤을 챙기고 있었다. 그러나 그들에게도 고민은 있었다. 잠시 그들의 대화를 들어보자.

선장: 지난주 갑자기 닥친 태풍으로 선원들이 크게 다치거나 죽었어. 배도 폐기해야 할 지경이야. 이를 어쩌나.

선원: (밖에서 달려오며) 큰일났습니다! 애든버러호가 해적을 만났다고 합니다.

선장: 맙소사! 올해는 꼭 새 항로를 개척해야 할 텐데. 배도 더 건조해야
하는데 큰일이군.

　이처럼 동인도회사는 운송 과정에서 발생하는 문제들로 손실이 막대했다. 또한 꾸준한 투자도 필요했다. 그래서 그들은 손실을 피하고 자본을 충당할 목적으로 '증권(주식)'을 만들었다. 회사는 이 증권을 투자자들에게 팔면서 무역 이익에서 나온 수익을 분배하겠다고 약속했다. 투자자들은 이익 분배를 해준다는 말에 솔깃해서 증권을 샀다. 이것이 최초의 주식 투자다.

　동인도회사 증권 투자자 중에서 갑자기 금전이 필요해서 증권을 팔아야 하는 사람들이 있었다. 또 '외부 정보'를 입수해서 증권을 팔고 싶어 하는 사람들도 있었다. 한편으로는 동인도회사의 미래를 유망하게 보고 증권을 사려는 사람도 있었다. 사람들의 거래를 좀 더 수월하게 하기 위해 동인도회사는 암스테르담에 증권 거래소를 설립했다. 최초의 주식시장이 탄생한 것이다.

　그렇게 동인도회사는 손실을 줄이면서 자본금을 충당할 수 있었고, 투자자는 돈을 벌 수 있었다. 그러나 세상사가 늘 순조롭지만은 않듯, 때때로 예상치 못한 일이 발생한다.

　하루는 인터셉터호가 캐리비안의 해적을 만났다는 소식이 전해졌다. 이 소식은 삽시간에 널리 퍼져 나갔고 증권을 보유한 투자자들은

불안해지기 시작했다. 투자자들은 불안한 마음에 조금 싸게 팔더라도 당장 팔아서 돈을 건져야겠다고 생각하고 일시에 주식을 내던졌다. 그러나 누구도 사려는 사람이 없었다. 그렇게 증권 가격은 10분의 1로 폭락했다. 초기 투자자들은 울화통이 치밀었다. 물론 이때다 하고 폭락한 증권을 쓸어 담은 투자자들도 있었다.

"인터셉터호가 돌아왔다!" 얼마 뒤 증권시장은 다시 떠들썩해졌다. 증권을 헐값에 내던진 투자자들은 애써 사실을 부인했다. 그러나 인터셉터호는 돌아왔다. 그것도 '오리엔탈 특산품'을 가득 싣고서 말이다. 초기 투자자들은 분노에 휩싸였고 폭락장 투자자들은 단숨에 큰돈을 벌었다. 이것이 최초 시세 탄생의 배경이다.

이 이야기를 간단히 정리해보자. 동인도주식회사에서 발행한 증권을 산 것은 태초의 주식 투자. 주식 투자의 애초 목적은 동인도회사의 이익을 함께 누리기 위함이었다. 주식을 사고파는 거래의 행위는 원래의 목적에서 파생된 것이다.

주식을 사고파는 트레이딩에만 초점을 맞추다 보면, 주식 투자가 탄생한 본래의 의미를 잊게 된다. 트레이딩은 투자의 곁가지라고 할 수 있다. 물론 주식 투자 탄생의 의미가 별로 중요하지 않다고 생각하는 이들의 의견도 존중한다. 수백 년 전의 일이니 말이다.

다만 나는 주식 투자가 탄생한 초기 의미에 머무르는 투자를 지향한다. 내가 생각하는 주식 투자는 기업의 지분을 소유하는 행위다. 이를 통해 '기업의 이익 분배금'을 누리는 것이 내 투자의 의도다. 기업의 이익 분배 형태는 배당이나 자사주 매입을 통해 이뤄진다. 물론 지금 당장 이익 분배가 없는 기업이라도 괜찮다. 훗날 배에 특산품을 가득 싣고 와줄 가능성이 매우 크다면 말이다.

나와는 달리 트레이딩 방식의 주식 투자를 결정했다면, 그리고 주식 트레이딩계의 고수가 되길 원한다면, 기억해야 할 점이 있다. 트레이딩은 주가가 오르든 떨어지든 감정에 휩쓸리지 않고 철저하게 설계된 원칙에 근거해서 매수하고 매도해야 한다. 감정 따위는 트레이딩의 적이다. 수익 실현 측면에서도 일시적인 대박을 노리는 것이 아니라 꾸준히 벌어들일 생각을 해야 한다. 좋은 기회인 것 같다고 판단해서 원칙을 무시하고 크게 배팅하면 절대 안 된다.

미국의 전설적인 심리투자가 마크 더글러스는 최고의 트레이더가 갖춰야 할 덕목을 다음과 같이 정리했다.

- 원칙을 분명히 하고 기계적으로 투자하라.
- 잡념에 노출되지 말고, 일관성을 가져라.
- 카지노처럼 확률의 우위를 갖고 투자하라.

이 조언을 잊고 트레이딩에 몰입하는 순간 망하는 테크트리로 들어간다.

6
치킨값 버는 생계형 투자의 한계

회사원 B는 '치킨값'이나 벌어볼 요량으로 주식 투자를 시작했다. 초기 투자금은 30만 원. B는 한 번에 큰돈을 벌려는 무리한 투자가 싫어 사업 전망, 현재 매출 등을 고려해서 세 종목을 선정했다.

오전 9시가 되면 B는 주식 창을 열어 매수한 종목의 가격을 확인했다. 주가는 잠깐 오르는 듯했지만, 갑자기 방향을 바꿔 하한가를 향해 달려가고 있었다. 다른 사람들은 어떨까? 문득 다른 사람들의 투자는 자신과 어떻게 다른지 궁금해진 B는 주식 커뮤니티에 접속했다.

'좀 기다렸다가 살 걸 그랬나?', '역시 남의 말 듣고 주식을 사는 건 아닌 것 같아', '지금이라도 팔아야 할까?' B는 만감이 교차했다. 소액 투자라서 편안하게 할 수 있을 줄 알았는데……. 시시각각 오르내리는 주가를 보며 B의 마음은 냉탕과 온탕을 오갔다.

'소액 투자로 치킨값을 벌겠다'라는 투자자들에게는 전형적인 의식의 흐름이 있다. 그들은 애매하게 괜찮은 종목을 선택한다. 애매하다고 말하는 이유는 단기간 '적절한' 수익을 얻고 팔아버려야 하는 종목이라서다. 이런 어중간한 종목은 남들에게도 비슷하게 여겨진다. 반짝 오르면 빨리 팔아서 수익을 내야 하는 카테고리인 것이다. 그래서 이런 종목에 투자하면 오히려 치킨값을 잃기 쉽다. 다시 말해 '소소하고 확실한 행복'에 배팅했던 투자자의 꿈이 깨지는 것이다. 아마 그들은 이렇게 위로할 것이다. '그나마 적은 돈으로 투자해서 다행이야. 큰돈이었으면 어쩔 뻔했어'라고.

치킨값을 꾸준히 벌겠다는 생계형 투자에는 세 가지 한계점이 있다. 첫째, 적은 돈을 꾸준히 버는 것은 상당히 어렵다. 주식시장과 '꾸준함'은 서로 친하지 않다. 주식시장과 친한 것은 '변동성'이다.

시시때때로 거센 **폭풍**이 몰아치는 바다에서 늘 제 갈 길을 가는 뱃사공을 상상해보자. 뱃사공은 날씨가 맑다고 해서 무리해서 장거리 운행을 하지 않는다. 그저 매일 비슷한 거리를 꾸준히 갈 뿐이다. 이쯤에서 당신은 이 뱃사공이 고수임을 눈치챘을지 모른다. 주식 투자도 마찬가지다. 변동성의 폭풍이 일상인 주식시장에서 꾸준한 수익을 낸다면 고수다. 그것도 좀처럼 만나기 어려운 최고의 고수다. 그러므로 '꾸준히 치킨값을 버는 투자'는 여간한 주식 투자자들에게는 잘 맞지 않는 고난도의 방법이다.

둘째, 수익금을 치킨값으로 써버린다. 수익금을 생활비로 야금야금 써버리면 자본은 불어나지 않는다. 자본의 '스노우볼 효과'를 누리지 못하는 것이다. 눈덩이가 데굴데굴 굴러가면서 주변의 눈을 집어삼키듯이 수익금 또한 마찬가지다. 작은 눈덩이를 만들었다가 부쉈다가, 다시 만들었다가 하는 식으로 투자해서는 끝이 없다. 잠깐의 적은 수익에 만족해 그 수익을 써버리면 늘 제자리걸음이다. 애써서 투자했는데, 돌아보면 남은 것은 없는 그런 투자다.

셋째, 투자가 노동이 된다. 매일 치킨값을 버는 투자를 하려면 매일 신경을 곤두세우고 트레이딩해야 한다. 무릎에 사서 어깨에 팔기 위해 머리를 굴려야 하는가 하면, 시장에서 시시각각 울려 퍼지는 무의미한 잡음에도 귀 기울여야 한다. 20퍼센트 하락 시 자동 매도를 설정해 유사시에는 재빨리 탈출할 수 있어야 한다. 동분서주하며 열심히 노동해도 어느 날 갑자기 닥치는 주가 폭락을 피할 길은 없다.

따지고 보면 주식 투자를 하면서 굳이 이렇게까지 창조적으로 노동량을 늘릴 이유는 없다. 노동자의 피와 땀을 신성시하는 논리는 주식시장에서는 통하지 않는다. 투자자는 기업에 투자금을 대주는 사람이다. 직접 일하는 노동자가 아니다. 그런데 많은 주식 투자자가 주식시장에서도 근면하게 노동해야 한다고 여긴다. '불로소득'에 대한 죄의식 같은 걸까?

혹시 멍청하고 부지런한 사람과 함께 일해본 경험이 있는가? 누군가는 그 '멍부'의 뒷수습에 진땀을 뺀다. 주식시장에서 시스템을 갖추지 않고 노동하는 투자자는 '멍부'와 다를 바 없다. '멍부' 투자를 고수할 생각이라면 자신이 저지른 일에 대해 뒷수습할 각오를 해야 할 것이다.

천재적인 두뇌 역시 주식시장 앞에서는 무력해 보인다. 한 개인의 두뇌가 얼마나 뛰어난지 주식시장은 별로 관심이 없다. 똑똑한 사람도 멍청하게 만들어버리는 곳이 주식시장이다. 제아무리 뛰어난 투자자여도 주식시장의 중요한 변수를 정확히 예측할 수 없다. 그러므로 투자자는 무지의 필연성을 인정해야 한다.

A와 B 두 사람이 있다. 두 사람은 똑같이 시드 머니 5000만 원으로 주식 투자를 시작했지만, 둘의 투자 방식은 아주 다르다.

투자자 A: 5000만 원으로 매월 100만 원을 벌어서 생활비로 쓰겠다.
투자자 B: 5000만 원을 5년 후 2배 정도로 불리겠다.

투자자 A 방식의 삶은 무척 고단해진다. 5000만 원으로 매월 100만 원 버는 것은 무리한 수익률처럼 보이지는 않는다. 하지만 주식시장은 때로 한 달 새 마이너스 20퍼센트가 되기도 한다. 그러므로 매월 꾸준한 수익을 내는 것은 극한 노동에 가깝다. 시장이 마이너스일 때도 수익을 내겠다고 한다면 상황은 더 어려워진다. 하락장에 돈을 버는 '인버스 투자'에까지 손을 뻗치게 된다. 이렇게 되면 투자는 점점 더 복잡해진다. 초단기 트레이딩을 시작으로 인버스, 원자재 등 시간이 갈수록 다양한 전략을 구사하는 투자자가 되어야 한다.

열심히 투자하지만, 5년의 세월이 흘러도 A의 삶은 나아지지 않을 것이다. 어쩌다 수익이 100만 원보다 높은 달이 있으면, 반대로 수익이 적거나 마이너스인 달도 있을 수 있다. 따라서 매월 수익 실현해서 생활비를 충당하려는 방식은 원금 5000만 원을 지키기도 쉽지 않다.

반면 투자자 B의 방식은 비교적 여유롭게 자산을 증식시킬 수 있다. B가 해야 할 일은 5년 후 주식 가치가 2배가 될 만한 기업을 선택하는 것뿐이다. 매일 주식 창을 확인하거나 사고팔 필요가 없고 특별한 공부를 할 필요도 없다. 자신의 본업에 집중하면서 휴일에는 여기를 즐기면 그만이다. 5년 후 2배 정도의 수익을 낼 수 있는 기업을 선정하는 것은 그다지 어렵지 않을 것이다.

만일 투자자 B에게 필요한 게 있다면 5년 후 2배의 수익을 낼 종목을 선택할 때 고려할 사항들이다. 먼저 5년 이상 망하지 않을 회사인지를 살펴본다. 사실 이 한 가지만 고려해도 수많은 기업이 걸러진다. 그다음은 투자하려는 기업이 확실한 제품과 서비스를 가졌는지 살펴본다. 다시 말해 '경제적 해자'를 갖췄는지 검토해야 한다. 해자는 중세 시대에 적의 침입을 막기 위해 성벽 앞에 판 도랑을 뜻하는데, 경제적 해자란 성벽 앞의 도랑 같은 역할을 하는 독점적 경쟁력을 뜻한다. 넓고 깊은 해자 역할을 하는 제품과 서비스를 갖춘 기업이 탄탄한 수익을 창출하고 있어야 한다. 특히 그곳이 당신을 비롯한 전 세계 사람들의 필수품을 생산하는 기업이라면 탁월하다. 마지막으로 고려할 점은 기업의 미래 성장 가능성을 살펴본다. 성장과 발전이 멈춘 기업이라면 5년 뒤 주식 가치가 2배가 될 가능성은 희박하다.

투자자 B는 이 세 가지를 두루두루 충족시키는 기업에 투자하면 끝이다. 투자자 A처럼 매월 얼마씩 벌기 위해 노동할 필요가 없다. 5년 뒤 A와 B의 주식 자산은 크게 벌어져 있을 것이다. A는 원금 5000만 원도 지키지 못했을 가능성이 크지만, B의 자본은 1억 원 가까이 불어나 있을 것이다. 똑같이 시작한 투자였지만, 시간이 흐를수록 차이가 벌어진다.

투자의 귀재 워런 버핏은 투자자 B의 방식을 지지한다.

"돈을 모으는 것은 눈덩이를 아래로 굴리는 것과 같으며, 그 언덕은 될 수 있으면 길수록 좋다. 나는 무려 56년짜리 긴 언덕에서 아주 조심스럽게 눈을 굴려왔을 뿐이다."

당신의 주식 투자를 '치킨값 벌기'에 가두지 않았으면 좋겠다. 치킨은 월급으로 사 먹자. 투자 수익금을 생활비나 치킨값으로 쓰는 것은 '소탐대실小貪大失'이다. 작고 소소한 수익을 탐하여 계속 축내지 말고, 장기적으로 기업의 성장에 투자하자.

7
상승장이 오면 일어나는 일

　나는 대학생 때 늘 경제신문을 옆구리에 끼고 다녔다. 그렇다고 내가 신문을 열심히 읽었던 것은 아니다. 친구들은 나에게 "쟤는 신문을 DP(디스플레이)용으로 가지고 다닌다"며 핀잔을 주었다. 틀린 말은 아니었다. 내 옆구리에 있던 신문은 항상 접힌 그대로 흐트러짐 없이 버려졌다.

　나는 주로 신문 1면의 헤드라인만 봤다. 사진을 보고, 굵은 글씨를 보고, 초입부를 읽어 내려가다가 스르르 잠이 들었다. 오늘은 꼭 제대로 읽어보겠다 다짐해도 1면을 넘어가는 날은 거의 없었다. 하지만 신문 1면을 꾸준히 보는 것만으로도 시장 분위기를 감지할 수 있었다. 주식이나 부동산 등의 자산 가격은 가파르게 오르는 듯했고, 코스피 신고가 행진 기사가 종종 언급되었다. 신문 1면 사진 속 주식시장 관계자들은 밝게 웃고 있었고 행복해 보였다. 나도 그 흐름에 올라타 그들처럼 밝게 웃고 싶다는 생각이 들었다. 왠지 주식 투자로 돈을 벌면 짜릿할 것만 같았다. 2007년 1월 무렵의 이야기다. 당시 한국의 주식시장은 상승가도를 달리고 있었다.

때마침 대학교 온라인 게시판에서 주식 투자 동아리를 만든다는 글을 발견했다. 나는 곧바로 참석 의사를 밝혔다. 어떻게 투자를 시작해야 할지 막막했던 나에게 게시판의 글은 한 줄기 빛과 같았다.

동아리 결성을 위한 첫 모임은 신촌의 한 스터디 카페에서 이루어졌다. 나를 포함해서 13명 정도가 모였다. 13명 가운데 여자는 나를 포함해 단 2명뿐이었고, 대체로 복학생 선배들이 많았다. 동아리를 어떻게 운영할지 열띤 토론이 시작되었다. 당시 어떤 대화를 나눴는지 잘 기억나지 않지만, 내가 잘 모르는 투자 용어를 수고받는 선배들의 대화가 꽤 수준 높게 들렸던 것을 기억한다.

하루는 동아리 선배들과 함께 투자 세미나에 참여했다. 세미나에서는 난생처음 들어보는 난해한 용어들이 출몰했다. "5일, 20일 이동평균선의 접점을 그려볼게요. 이 지점이 바로 '골든 크로스' 구간입니다." 이외에도 양봉, 음봉, 장대 캔들, 정배열 매매…… 강연자가 하는 말은 너무 생소했고 마치 다른 세상 이야기 같았다. 이 지식의 향연에 내가 끼어들 자리는 없어 보였다.

세미나가 끝나고 나오는 길, 선배들은 품평회를 시작했다.

"오늘 세미나 괜찮네. 기본에 충실했던 것 같아. 이동 평균선의 실제 활용 사례까지 자세히 설명해줘서 도움이 됐어."

"근데 매매 파동에 대해서는 조금 부족하지 않았어? 다양한 패턴에 대한 설명이 약했던 것 같은데. 나는 컵앤드핸들 패턴(손잡이 달린 컵 모양과 차트 패턴이 비슷한 것)에 관해서도 이야기해줄 줄 알았거든. 좀 아쉬워."

선배들은 온종일 눈이 빠지게 주식 차트를 분석했다. 각자 배운 것을 공유하는 스터디도 했다. 삼삼오오 조를 나눠서 기업을 분석하고 발표하는 시간도 가졌다. 당시 나는 주식 공부를 그리 열심히 하지는 않았지만, 동아리 활동을 꽤 즐겼다. 외계어가 난무하는 주식시장을 해석해가며 투자하는 선배들이 멋있어 보였기 때문이다.

그중 몇몇은 100만 원 미만의 돈으로 주식을 초 단위로 사고파는데 집중했다. 그들의 목표는 하루에 5만 원 정도를 버는 것이었다. 매일 꾸준히 5만 원씩 한 달이면 150만 원을 버는 셈이다. 학식이 2300원이던 당시 월 150만 원은 꽤 큰돈이었다.

주식 투자 동아리에서는 간혹 "이번에 ○○○에 100만 원 투자해서 200만 원 벌었다"라는 무용담도 들려왔다. 무용담은 단기 투자를 선호하는 일부 동아리원들에게 희망의 불씨가 되었다. 나 역시 하루 밥

값을 벌기 위한 단기 투자에 동참했다. 전 재산 60만 원을 털어서 '금주의 이슈 종목'을 매수했다. 종목은 'STX팬오션'이었다. 이곳이 뭐 하는 회사인지는 잘 몰랐다. 관심도 없었다. STX팬오션을 선택했던 이유는 최근 주가 상승률이 눈부셨고 이름이 멋있어서였다. 첫 투자 종목으로 이 정도면 손색이 없다고 생각했다.

삼성전자도 사고 싶었지만, 당시는 액면 분할 전이라 한 주당 가격이 60만 원 이상이었다. 그래서 '삼성'이라는 이름이 들어간 다른 주식을 샀다. 정확한 이름이 기억나지 않는 것을 보면 그저 삼성이라는 두 글자만 보고 아무 생각 없이 샀던 것이 분명하다. 아무튼 주식을 사고 나니 실시간으로 주가가 오르내리는 것을 보는 기분이 짜릿했다. 당시 최저 시급이 3500원 정도였는데, 그 정도 금액은 1초도 안 되는 시간에 변하는 듯했다.

그렇게 투자를 시작했다가 갑자기 돈이 필요하다는 이유로 급히 주식을 처분했다. 아무 생각도 없이 생활비를 털어 주식을 샀으니 당연한 일이었다. 생각도 없었고 원칙도 없었다. 얻은 것도 없었고 잃은 것도 없었다. 이런 방식의 투자를 통해 배울 수 있는 것 역시 아무것도 없었다.

코로나19 직후 상승장(2020년~2021년)의 투자자들은 2007년 대학생 시절의 나와 많이 닮아 있었다. 유동성이 몰고 온 거대한 상승장이

도래하자 주식시장은 다시 그때의 모습으로 돌아갔다. 역사는 반복되지 않지만, 사람들의 행동은 반복된다는 말은 맞아떨어졌다. 주식투자와 관련된 모임은 급격히 늘어났다. 대규모 수주 호재가 나온 ○○사와 회사명이 비슷하다는 이유로 급등한 기업 주식도 있었다. 회사명이 자신의 '최애'와 동일한 이름이라며 매수하는 이도 있었다.

노동의 가치는 낮아졌다. 주식 단타로 하루에 5만 원, 10만 원을 쉽게 벌 수 있으니 사회적으로 노동에 대한 회의감이 팽배해졌다. 심지어 '현금은 쓰레기다'라는 말도 울려 퍼졌다. '주식해서 돈 번 사람 없다'고 설파하던 이들도 주식시장에 하나둘 모여들었다. 동네방네가 주식 이야기로 떠들썩해졌다.

그러나 한국 주식시장은 대세 상승장이 자주 나타나지 않는다. 1990년 이후 대세 상승장은 대략 세 번 정도였다. 1999년 IMF 회복기, 2004년~2007년 양적 완화 시기, 2020년~2021년 코로나19 이후 양적 완화 시기에 큰 상승을 보였다. 지금은 사그라들었지만 시장의 순풍은 언젠가 다시 불어올 것이고, 상승장의 기억이 희미해질 무렵 다시 상승장이 고개를 들 것이다. 그때가 오면 이번 코로나19 상승장에서 봤던 시장 참여자의 행동은 똑같이 반복될 것이 틀림없다.

우리의 감정과 행동은 비슷한 상황에서 동일한 패턴으로 나타나는 경우가 많다. 환경은 계속 변하지만, 사람의 본능은 꽤 일관적으로 행동을 조정한다. 주체적으로 행동한다고 생각하지만, 습관적으로 또는 반사적으로 행동하는 경우가 더 많다. 그렇기에 더욱더 다른 사람들이 똑같은 실수를 반복하듯 나 역시 그럴 수 있다는 점을 마음에 새기고, 주식시장 분위기에 휩쓸리지 않도록 항상 깨어 있어야 한다. 주식시장에서는 자만하기보다는 주의를 기울이는 편이 더 낫다. 이를 꼭 기억했으면 한다.

3장

세상 모든 장애물을 황금으로 만든다

성공하는 투자 마인드셋

투자는 엔지니어링이 아니다

E는 이공계 명문대학 학생이다. 2학년 때 E는 '경제학 원론'을 교양 과목으로 선택했다. 경제 수업은 도움도 됐을뿐더러 무척 재밌었다. 수강 신청하길 정말 잘했다고 그는 생각했다. 시간이 흘러 E는 옆자리에 앉은 L과 조금 친분이 생겼다. 하루는 L이 '대학 수학' 책을 보면서 심각한 표정을 짓고 있었다.

"뭐 잘 안되는 거 있어? 미분 문제 같은데, 내가 도와줄까?"

E의 말에 L의 얼굴에 화색이 도는 듯싶었다.

"아 맞다! 너 이과생이니까 이거 알 수도 있겠다. 한번 봐줄래?"

E는 L이 고민하던 문제를 훑어봤다. 지난 학기 수강했던 '미적분

학'과 비교하면 간단한 산수 수준의 문제였다. 스마트한 이미지였던 L이 조금 다르게 보였다. 한편으로는 묘한 우월감마저 느꼈다.

이과생은 문과생의 분야로 갈 수 있지만, 그 반대는 성립하지 않는다는 말이 있다. 이과생은 교양 수업으로 사회학, 경영학, 철학 등 문과 수업을 신청하기도 한다. 그러나 문과생이 미적분학, 물리학 등의 수업을 신청하는 일은 본 적이 없다. 경제학도의 경우 수학 전공 지식이 더해지면 금융사 취업 프리 패스겠지만, 그들이 수학을 복수전공을 하는 일은 극히 드물다. 이과생들은 이런 상황을 직간접적으로 접하면서 문과생보다 뛰어나다는 우월감을 느낀다.

이와 같은 우월감은 투자의 생태계에까지 이어진다. 주식시장은 보통 '숫자'로 설명되기 때문이다. 숫자에 친근한 이과생은 물 만난 물고기가 되어 그 숫자들에서 특별한 의미를 찾으려 애쓴다. '수학2'에서 배운 쌍곡선, 삼각함수, 미적분 등은 인생살이에 그다지 필요가 없었다. 하지만 주식 차트의 곡선은 이런 수학적 지식을 적용할 수 있으리라는 기대를 갖게 한다. 단 그것이 이과생들이 자주 빠지는 주식시장의 가장 큰 함정이다.

주식 투자는 엔지니어링이 아니다. 투자가 엔지니어링이 되려면 정밀하게 딱딱 맞물려 돌아가는 것이라야 한다. 하지만 투자의 세계에서는 그런 논리와 질서가 통하지 않는다.

"대학 교수들이 주식 투자를 잘하는 편은 아니에요. 왜냐하면 교수들의 접근 방식이 너무 논리적이라서 그래요. 하지만 시장은 논리적이지 않거든요. 논리적이지 않은 시장에서 논리적인 접근을 하니까 한발 늦은 경우가 많은 거죠."

서강대학교 경제대학원 교수가 학생들에게 한 말이다. 통계학자, 수학자, 경제학자라고 해서 학계 기여도 순으로 투자를 잘하는 것은 아니다. 투자가 완벽하게 맞물려 돌아가는 엔지니어링이라면 투자는 지능 순이어야 한다. 그러나 논리적으로 완선 무상한 투자자 집단은 시장의 비논리성 앞에서 종종 좌절한다.

"분명한 것은 없고 모든 게 불확실하다. 논리적이지 않고 늘 예상을 빗나간다. 주식시장은 이 세상 어디보다 환상으로 가득 찬 곳이다. 현실은 우리의 생각과 어긋난다. 2 더하기 2가 반드시 4가 되는 건 아니다."

비논리적인 주식시장에 대한 월가의 전설적 투자자 제럴드 로브가 던지는 귀한 조언이다. 주식시장에서 2 더하기 2는 4가 아니라 5 빼기 1이 될 수도 있다.

주가가 오르는 것은 사실 단 하나의 이유밖에 없다. 수요(매수)가 공급(매도)보다 클 때다. 주가 하락은 이 힘이 반대로 작용할 때 일어난다. 예를 들어 코인으로 수백억 달러를 번 투자자 무리가 주식시장으로 몰려와 혼란을 초래할 수도 있다. 이를 알지 못하는 경제 기자들은 주가 상승에 대한 온갖 '논리적 이유'를 갖다 붙일지도 모른다. 이렇게 짜깁기된 이유는 진실이 아닐지라도 주식시장의 분위기에 영향을 미칠 수 있다.

조지 소로스는 이와 같은 '주식시장의 비논리성'을 이해하고 투자에 적용하면서 갑부로 올라선 인물이다. 그는 자신만의 관점을 가진 투자자이며 철학자에 가깝다. 그는 '불확실성'이야말로 인간사의 핵심이라고 여겼으며, 세상을 다 이해할 수 없다는 것을 인정했다.

조지 소로스는 "사람들의 생각은 사건 흐름에 영향을 미치고, 사건 흐름은 사람들의 관점에 영향을 미칩니다. 그 영향이 연속적이고 순환적이므로 피드백 고리를 형성하게 됩니다"라고 말하면서 시장의 역동적인 상호 침투 관계를 '재귀성^{reflexivity}'으로 정의했다. 정리하자면 현실 세계는 유행하는 '추세'가 있고, 그 추세에 대한 '착각'이 있다. 이 추세와 착각은 서로 영향을 미친다. 이것이 계속 반복되면 거품이 형성되기도 하고, 극심한 폭락이 오기도 한다는 것이 그의 주장이다. 추세와 착각의 되먹임^{feedback}은 시장이 이성적으로 흘러가지 않는 원흉인 셈이다.

분석하는 것을 좋아하는 투자자는 기업 가치를 계산하여 합리적인 투자를 하기 원한다. 그들은 특별한 공식을 활용해서 기업의 펀더멘털을 딱 떨어지게 계산하려 한다. 하지만 조지 소로스의 '재귀성'

을 적용해보자면 펀더멘털은 주식시장 상황이나 투자 심리, 소비 심리에 영향을 받아 조정된다. 주식시장은 펀더멘털에 영향을 주고, 펀더멘털은 다시 주식시장의 영향을 받아 조정된다. 이런 되먹임이 반복되므로 주식시장이 불확실하다는 주장은 딱 떨어지는 가치 평가가 가능하다는 주장보다 더 합리적이다.

주식 투자를 잘하는 이들은 엔지니어보다 철학자 쪽에 더 가깝다. 금융사의 신화 같은 존재들만 봐도 그렇다. 워런 버핏과 조지 소로스, 이 투자계의 양대 산맥은 투자 스타일은 완전히 다르지만, 자신만의 철학을 갖고 있다. 그들의 투자 이야기를 살펴보면 복잡한 수식은 없다. 오히려 그들만의 '손끝 감각'이 있는 듯하다. 이 감각의 탄생 배경에는 그들의 '철학적 깊이'가 있을 것이다.

따라서 이과와 문과, 굳이 이 두 구획으로 나눈다면 투자는 문과 쪽에 더 가깝다는 생각이 든다. 주식 투자를 하는 데 철학적 깊이가 중요한 만큼 문과생들에게 더 유리할 수도 있다. 최소한의 사칙 연산이 가능하고, 숫자에 겁먹지 않는다면 말이다.

순도 100퍼센트의 문과생이 투자를 잘 못하는 것 혹은 그래 보이는 것은 내가 생각했을 때 '관심도'의 차이가 아닐까 싶다. 순정 문과생이라면 '숫자'에 그다지 관심이 없을 것이다. 그러다 보니 '숫자'로 표현되는 투자나 돈으로 이들의 관심이 이어지기 어렵다. 물론 세상 사람들을 문과와 이과 두 부류로 구분할 수는 없다. MBTI나 혈액형

만으로 개개인을 설명할 수 없듯이, 그 안에는 수많은 회색 영역이 존재할 것이다.

그러나 성향 차이는 존재한다. 각자 좋아하는 부분이 다를 수 있다. 문과적 성향이 강한 사람이라면 오히려 투자의 기본을 갖추는 것이 어렵지는 않을 테니 숫자와 좀 친해지면 될 것이다. 반면 이과적 성향이 강하다면 바로 다음(2 속도가 아니라 방향이다)에 나오는 이야기가 도움이 될 것이다. 그렇다면 예술가는 어떨까?

그들은 많은 분야의 투자에서 두각을 나타낸다. 부동산, 가구, 그림 등 현물 자산 투자에 탁월한 이들을 보면 보통 예술 부류에 속해 있다. 주식 투자는 '종합 예술'이라는 말이 있다. 앞서 제시한 모든 성향을 두루 갖춘 사람은 주식 투자가 적성에 잘 맞을 것이다. 모든 지식의 융합 그리고 오랜 기다림이 필요하다는 점에서 주식 투자와 예술은 공통점이 있는 듯하다.

벤자민 그레이엄은 인생 말년인 1976년, 한 인터뷰에서 '정교한 기법'을 활용한 주식 투자에 대해 이렇게 말했다.

"이제는 정교한 증권 분석 기법을 활용해 우량 가치 종목을 찾아내는 전략을 지지하지 않는다. 40년 전에는 먹혔던 전략이지만 그 이후로 상황이 많이 변했다. 그 당시에는 잘 훈련된 증권분석가라면 신중한 조사와 분석 작업을 통해 저평가된 우량주를 찾아낼 수 있다. 그러나 지금은 여기저기서 방대한 조사는 물론 분석 작업이 진행되고 있다. 그렇게 해서 우량주를 찾는다 한들 그런 작업에 소요된 돈과 수고를 상쇄할 만큼의 결과를 얻을 수 있을지 의문이다."

아마도 이 말은 엔지니어링 기법에 의존한 많은 가치 투자자를 좌절시켰을 것이다.

"인간사를 이해하라, 돈은 그 결과일 뿐이다"라고 주장했던 조지 소로스처럼, 철학자의 눈으로 주식시장을 바라보면 불확실함에 대한 답답함이나 좌절감이 해소될지도 모른다.

2
속도가 아니라 방향이다

'빚 3000만 원 직장인이 빠르게 5억을 모은 주식 투자법!'

어떤가? 솔깃하지 않은가? 과거 유튜브 방송에 출연했을 때 나의 섬네일 제목이었다. 이런 자극적이면서 솔깃한 제목을 달면 조회 수가 40만 이상까지도 거뜬하다. 내가 경제계 유명 인사도 아닌데, 이런 조회 수라니! 실제 유튜브 방송에서 나는 수익을 낼 수 있는 종목이나 특별한 기술을 언급하지 않았다. 그냥 나의 솔직한 경험과 함께 투자 원칙을 강조했을 뿐이다. 그런데도 확 꽂히는 제목과 함께 내 영상은 널리 퍼져나갔다. '구독자 수십만 채널은 이렇게 탄생하는구나' 하는 생각이 들었다.

섬네일 제목의 '빠르게', 다시 말해 내가 이야기하는 '빠른' 주식 투자 방법은 일반 투자자가 느끼기에 '가장 지루하고 답답한' 방식일지 모른다. 그런 지지부진한 기다림의 연속이 내가 주식 투자에 대해 말하고 싶은 정수다.

나 역시 빨리 부자가 되고 싶은 마음으로 주식 투자를 했던 때가 있었다. 그러나 어떻게 하면 빨리 돈을 벌 수 있을지에 집중했을 때, 결과는 늘 나를 배신했다. 급상승의 기쁨을 주는 투자법은 얼마 지나지 않아 급하강의 슬픔을 주었다. 내가 빨리 부자가 되고 싶었을 때 선택했던 투자처는 세 가지였다. 중국 주식, 비트코인, 부동산 소액 투자. 물론 이 투자처에 문제가 있는 것은 절대 아니다. 다만 내가 그것들을 다루는 방식이 문제였다.

빨리 부를 일구고 싶은 조급한 마음에 발을 동동 구르고 있던 나는 2015년, 중국 상해 A거래소에 상장된 종목 20개를 샀다. 당시 중국 증시는 상승일로를 달리고 있던 터라 빠르게 부자가 될 기회를 발견했다고 자신했다. 그러나 주식을 매수한 지 2주 뒤 중국 주식시장이 대폭락을 맞았다. 수십 개의 종목은 주가 꼭짓점에 꽉 물려버렸다. 그렇다고 '존버'를 외칠 수도 없었다. 이름도 들어본 적 없는 종목들이라서 존버할 수가 없었다. 8년이 지난 지금도 아직 상하이 종합 지수는 그때의 영광을 회복하지 못하고 있다.

나는 대폭장이 있고 수개월 뒤 잠시 반등한 틈을 타 전량 매도에 성공해 가까스로 중국 주식시장에서 빠져나올 수 있었다. 투자 기술 덕분은 아니었다. 단지 운이 좋았다.

2018년, 비트코인에 투자하면서 나는 '영앤리치 young and rich'를 꿈꿨다. 그러나 비트코인은 단숨에 내 자산을 반토막 냈다. 2년여의 오랜 기간에 걸쳐 간신히 원금을 회복한 뒤 매도했지만, 마치 나를 비웃기라도 하듯 팔자마자 8배가 폭등했다. 능멸당한 기분이었다. '영앤리치'가 되고 싶었으나 '리치 rich'는 되지 못했고, '영 young'도 점점 잃어갔다. 비트코인 투자를 하면서 2~3년쯤 더 늙어버린 기분이었다.

2017년부터 한국의 부동산 열기가 뜨거웠다. 나 역시 이 열기를 타고 부동산 소액 투자를 시작했다. 잠을 줄이고 전국을 배회하면서 '치열함의 극치'를 몸소 실천했다. 열정은 나를 더 빨리 부자가 될 수 있게 해줄 것으로 생각했다. 다만 그 열정의 방향이 문제였다. 부동산은 각종 법과 세금 등에 관한 치밀함도 필요로 한다. 그러나 나는 몸뚱이만 바빴다. 생각 없이 내달리는 투자의 결과가 좋을 리 없었다. 이 단순한 것을 깨닫는 데 수천만 원의 수업료를 지불해야 했다. 스스로 위안 삼기를, 수억 원의 수업료가 아니라서 그나마 다행이다.

빠르게 투자 성과를 내려고 했던 마음은 나를 헛발질하게 했다. 매일같이 시세판에 사로잡혀 일상이 피폐해졌다. 그동안 내가 노력한 만큼 보답해주지 않을까? 턱도 없는 바람이었다. 자산 시세는 나의 관심이나 애정 따위는 안중에 없었다.

 식물도 관심과 애정이 지나치면 죽을 수 있다. 아마 식물을 키워본 사람이라면 이 말에 공감할 것이다. 잘 자라라는 마음에 수시로 비료를 뿌려주거나 햇볕을 잘 받으라고 장시간 볕에 둬도 죽고 물을 듬뿍 줘도 식물은 죽는다.

 얼마 전 어머니 집에서 키우던 아카시아가 죽었다. "며칠 전부터 비실거리길래 달걀 껍데기를 으깨서 뿌려주고 바나나 껍질도 갈아서 비료로 넣어줬는데 죽어버렸단다. 아끼던 식물이었는데 정말 속상하구나." 작년에 예쁜 꽃을 피워서 집 안을 좋은 향기로 가득 채워주던 아카시아였다. 그러나 올해는 어머니의 관심과 사랑에도 아랑곳하지 않고 병들어 죽고 말았다.

 야생의 식물은 벽돌 틈새를 뚫고 나올 만큼 건장하다. 그러나 집 안의 식물은 최적의 조건을 만들어줘도 생각처럼 자라지 않아 속을 썩인다. 주식 투자도 간혹 비슷할 때가 있다. 관심 없이 방치해둔 주식이 쑥 성장해 있기도 하고, 애정을 듬뿍 쏟았던 주식이 시들거려 애태우기도 한다.

 "돈을 빨리 벌고자 하는 유혹은 너무 커서 많은 투자자가 대중에 역행하기 어려워한다."

 가치 투자자 세스 클라먼은 주식 투자자들에게 이렇게 조언했다.

여기서 말하는 '대중에 역행하기 어려워한다'는 것은, 다시 말해 대중의 방식이란 탐욕과 공포에 지배되어 감정적으로 반응하는 것과 단기 성과를 지향하는 것을 의미한다. 이 방식은 가격이 오를 때는 탐욕스럽게 투기하거나 위험천만한 베팅을 하고, 가격이 내려갈 때는 손실에 대한 공포에 빠져 최악의 시점에 매도한다. 단기 성과를 추구하는 주식 투자자들은 주식을 사고파는 상품으로 대한다. 주식을 시세판의 깜빡임과 동일시하는 셈인데, 그러다가는 이내 길을 잃고 만다. 왜일까?

주식 투자자가 단기 성과를 통해 수익을 얻기 위해서는 다른 시장 참여자들의 행동을 예측해서 그들보다 한발 앞서 행동해야 한다. 하지만 투자자 대부분이 조급한 마음에 이 중요한 사실을 놓치고 있다. 기업의 장기적 성과에 초점을 맞춰 투자한다면 피비린내 나는 투자 전쟁을 피해 갈 수 있다. 명백한 우회가 있는데 굳이 총칼 들고 전장에 뛰어들 필요는 없다는 것이다.

주식 투자든 다른 무엇이든 속도에만 집착하면 좋은 결과를 내기 어렵다. 욕심에 사로잡혀 올바른 판단력이 서지 않을뿐더러 급급한 마음에 위험을 살피지 않고 감정에 이끌려 뛰어들기 때문이다. 물론 마음속의 '빨리 부자가 되고 싶은 본능'을 억누를 수만은 없을 것이다. 이런 상태가 지속되면 무의식적 충동이 쌓여 어딘가로 잘못 분출될 우려가 있다. 예를 들면 사기를 당할 수도 있다. 사기당하는 사람들을 보면 특징이 있다. 물론 순진해서 남을 잘 믿는 사람들도 당한다. 하지만 그보다는 자신만만해하다가 '이렇게 해야 했는데' 하고 후회하는 사람들이다. 그들은 자신의 선택을 과신했다가 실패하면 매우 조급해한다. 조급한 나머지 누군가의 확신에 찬 말을 듣고 귀가 솔깃해진다. 사기를 당하지 않는 가장 좋은 방법은 여유로운 마음을 가지는 것이다. 주식 투자도 마찬가지다. 여유롭게 사람을 유혹할 수 있는 사기꾼은 없다.

살다 보면 예상하지 못한 기회가 우리를 찾아오기도 한다. 복권 당첨이나 생각지도 못한 유산 상속을 받을 수 있다. 혹은 투자한 주식이 대박이 날 수도 있다. 어쩌면 그런 재운이 내게도 찾아올지 모른다고 활짝 열린 마음을 갖는 것은 좋다. 하지만 '잭폿'만 기도하며 살 수는 없지 않은가? 빨리 부자가 되는 운을 끌어당기는 마음가짐은 좋지만, 빨리 부자가 되려고 무리하는 투자는 하지 않았으면 한다. 주식 투자는 운으로 '반짝' 대박을 내는 것이 아니라 평생 가는 것이다. 주식 투자로 1년 안에 대박을 터뜨려서 영영 투자계를 떠날 게 아니라면 꾸준히 갈 수 있는 방향으로 지속해야 한다.

나는 앞서 말했듯이 몇 번 주식시장의 큰 지각 변동을 경험했다. 그 덕분에 '언제라도 폭락이 있을 수 있다', '내가 사는 타이밍이 상투일지 모른다'는 사실을 항상 염두에 둔다. 상투가 어디쯤인지는 아무도 모른다. 상승기에는 대부분의 전문가가 더 큰 상승을 외친다. 언제 주식을 매수하든 한 치 앞에 절벽이 있을 수 있다. 그 절벽 앞에서 주식 시장은 무력하지만, 그 와중에 살아남는 기업은 더 강해진다. 물론 꽤 오랜 시간이 필요하다. 그래서 나는 절벽에 떨어져서도 오랜 기간이 지나면 회복할 수 있는 기업을 선택해서 긴 호흡으로 투자하기로 했다. 이것이 내가 생각하는 가장 빠른 주식 투자 방법이다.

"빨리 부자가 되는 유일한 방법은 빨리 부자가 되지 않으려는 마음을 갖는 것이다."

스노우폭스 김승호 대표의 말이다. 나의 자산 증식이 속도가 붙기 시작한 시점도 그의 말처럼 서두르지 않기로 마음먹었을 때였다.

'티끌 모아 티끌'이 눈에 띄게 뭉쳐지고 있다고 느꼈던 나의 자산 시기를 나는 두 갈래로 구분한다. 첫 번째는 빚 3000만 원을 갚고 시드머니 5000만 원을 모은 시기였다. 이때는 오직 월급으로 빚 갚기에 열중했으며, 예·적금만으로 시드 머니를 모았다. 분명 MSG가 시급한 맛 없는 이야기다. 만약 유튜브 섬네일 제목을 '월급을 차곡차곡 모아서 빚을 갚았어요.', '시드 머니 모을 때는 예·적금이 답이에요'라고 달아놓는다면, 아무도 보지 않을 것이다.

두 번째는 글로벌 초우량주 '바이앤드홀드$^{\text{Buy and Hold}}$'를 외치던 시기였다. '장기적 경제 성장'에 초점을 맞추고 천천히 투자를 진행해가던 시기에 종종 행운이 찾아왔다. 가끔 불어오는 투자의 순풍은 나를 더 좋은 곳으로 더 멀리 단기간에 도달할 수 있게 해주었다. 이렇게 느린 투자를 택했을 때, 주식 투자 결과는 스스로가 느끼기에 꽤 만족스러웠다. 나쁠 때 덜 나쁘고 좋을 때 더 좋았다.

  방향이 잘못되면 속도가 붙기 어렵다. 투자든 인생이든 마찬가지다. 물의 흐름을 거스르는 방향으로 노를 젓는다면 힘은 힘대로 들고 진척은 없다. 다시 말해 방향 없이 우왕좌왕하면서 빨리 성과를 내고 싶다는 마음에 사로잡혀 있으면 속도는 붙지 않는다. 속도에만 집착하는 투자는 당신이 궁극적으로 원하는 것을 잊게 한다.

  길을 떠나려면 우선 자신이 어디로 가야 하는지를 알아야 한다. 주식 투자는 오래도록 가야 할 먼 길이다. 100미터 달리기를 하듯 가기보다는 자신이 어디를 향해 가기를 원하는지 생각하고 투자하자.

3
무시할 줄 아는 것이 힘이다

'To do list', 학생이든 직장인이든 주부든 누구나 한 번쯤 적어봤을 것이다. 그렇다면 'Not to do list'는 어떤가? 'not'이 들어갔으니 당연히 '하지 말아야 할' 목록이다. 당신은 하지 말아야 할 목록에 대해 적어본 적이 있는가? 애초에 생각해본 적은 있는가? 과연 하지 말아야 할 목록을 정하는 것은 어떤 의미가 있을까?

미국의 영향력 있는 경영학자 피터 드러커는 'Not to do list'를 잘 활용한 인물이다. 하버드대학은 피터 드러커를 교수로 영입하기 위해 그에게 네 차례나 교수직을 제안했다. 그러나 그는 모두 거절했다. 피터 드러커가 교수직을 거절한 이유는 하버드대학의 규정 때문이었다. 그 규정은 '교수는 월 3일 이상 외부 컨설팅을 할 수 없다'는 것이었다. 하지만 그보다 더 큰 이유는 피터 드러커에게는 'Not to do list'가 있었다. 거기에는 '죽은 지식을 전달하지 않는다'라는 것이 포함되어 있었다. 그는 자신의 원칙에 따라 하버드대학의 제안을 거절한 것이다.

'교수직 제안'과 같은 으리으리한 것을 결정할 때가 아니라도 'Not to do list'는 삶의 여러 측면에서 유용하다. 직장인 A는 새해부터 건강한 삶을 추구하고 싶었다. 그래서 야심 찬 계획을 세웠다. 그의 계획에서 가장 중심이 되는 것은 '운동'과 '식이 조절'이었다. 걷기 1시간, 물 8잔 마시기, 필라테스 등록, 식단일기 쓰기 등 A는 구체적으로 무엇을 할지 정했다. 그리고 신년 초부터 계획을 실행했다.

그러나 시작한 지 2주도 안 되어 그의 계획이 틀어지기 시작했다. 잠시 유튜브를 보다가 한두 시간이 순식간에 지나 운동 시간을 놓쳤고, 친구들과 '치맥'을 하는 날에는 이상하게 식단 일기를 쓰기가 싫었다. 게다가 식단 일기에 대한 압박 때문인지 식사를 절제한 다음 날은 보상 심리가 발동했다. 결국 A는 전보다 살이 더 붙었고, 운동은 흐지부지되었다. A는 차라리 '퇴근 후 3시간은 스마트폰 보지 않기', '몸에 나쁜 음식을 먹지 않기' 같은 'Not to do list'를 세우는 것이 더 나았을지 모른다.

주식 투자 공부를 하기 전에도 'Not to do list'를 생각해보는 편이 좋다. 주식 투자를 위한 'To do list'를 세우면 할 일이 너무 많아진다. 예를 들면 주식 공부만 해도 그렇다. 주식시장에는 변수가 생기거나 새로운 일들이 개입된다. 그렇게 밀려 들어오는 투자 정보를 다 공부하겠다고 결심하면 어떻게 될까? 금세 질식해버릴지도 모른다. 혹은 시간에 쫓기다 정작 중요한 일을 할 수 없게 되어버릴 수도 있다. 도처에서 쏟아지는 정보에 파묻혀 꾸역꾸역 공부하고 투자하다 보면, 결국 계좌는 잘 알지도 못하는 종목들로 가득해질 것이다.

하지만 'Not to do list'를 가지면 서두르지 않고, 꾸준히 자신의 속도에 맞춰 편안하게 투자할 수 있다. 새롭게 침범해오는 요소들조차 현명하게 걸러낼 수 있다. 투자는 단기 경주가 아니다. 장기전으로 가려면 하지 말아야 할 것들을 쳐내고 여유를 확보해야 한다.

그렇다면 'Not to do list'는 어떻게 만들어야 할까? 우량한 주식에 장기 투자를 원한다면 'Not to do list'에 다음과 같은 내용을 포함해볼 수 있다.

- 모멘텀 투자(추세에 올라타는 매매)를 위한 공부는 하지 않겠다.
- 매일 MTS(스마트폰 주식앱)를 보며 시세에 얽매이지 않겠다.
- 최근 반짝 솟아오른 유행 투자처에는 관심을 두지 않겠다.

이처럼 시간을 좀먹는 행위를 근절하기 위한 목록을 몇 가지 만든다. 많을 필요는 없다. 가장 중요하다고 생각하는 것만 포함하면 된다. 5개 이하로 'Not to do list'를 만들어도 꽤 많은 시간을 확보할 수 있다. 나의 'Not to do list'에는 '유튜브로 드라마나 영화 요약본 보지 않기'가 포함되어 있다. 이건 정말 '개미 지옥'이다! 한 번 켜면 무려 1~3시간이 증발한다. 물론 이는 투자와 직접적으로 연결되는 것은 아니다. 하지만 그 시간에 책을 보고 글을 쓰는 등 더 유익한 일들을 할 수 있기 때문에 투자에 간접적인 도움이 된다.

'Not to do list'로 시간을 확보했다면, 그다음에는 무엇을 해야 할까? 나는 이 단계에서 절박하게 주식 투자의 실력을 키우고 싶은 사람들을 위해 제안하고 싶은 것이 있다. 경제, 경영, 투자 등과 관련된 분야의 책을 200권 이상 읽는 것이다.

부동산 전문가 김학렬은 《부자의 독서》에서 이런 말을 했다.

"평범한 직장인이었다가 열심히 재테크를 해서 경제적 자유를 이룬 사람부터 수백, 수천억 원대 자산가들까지 만나봤습니다. (중략) 제가 만나본 진정한 슈퍼 리치들에겐 한 가지 공통점이 있었습니다. 모두 엄청난 다독가라는 점입니다."

우리가 아는 세계 최고의 부자들 가운데는 독서광이 많다. 빌 게이츠, 일론 머스크, 워런 버핏, 마크 저커버그, 손정의 등 우리가 잘 아는 슈퍼 리치들은 책을 사랑한다. 빌 게이츠는 "내게 하버드 졸업장보다 소중한 것은 독서하는 습관이다"며 사업 성공의 비결을 말했다. 일론 머스크 역시 어린 시절부터 책을 손에 쥐고 살았다. 일론의 동생은 "형은 하루에 보통 10시간씩 책을 읽었어요. 주말이면 하루에 두 권도 읽었죠"라고 말했다. 일론은 서점에서 오랜 시간 책을 읽다가 이따금 쫓겨나기도 했다고 한다.

책을 많이 읽으면 좋다는 사실은 누구나 알고 있다. 그런데 200권 이상이라고? 그걸 언제 다 읽겠냐 싶어 막막하게만 느껴질 수 있다. 반드시 200권을 읽을 필요는 없다. 일단 독서를 즐기는 것이 중요하므로 처음에는 '재미' 위주로 책을 선정하는 게 좋다. 재미가 없거나 잘 읽히지 않는 책이라면 과감히 내던지고 다음 책으로 넘어가자. 그렇게 술술 읽히는 책부터 섭렵해나가면 된다. 세상에는 재미있고 유익한 책이 많다. 그런 책들만 골라 읽어도 수백 권은 훌쩍 넘을 것이다. 책을 읽으면 읽을수록 잘 읽히지 않았던 책도 재미있게 다가온다. 지식이 확장되기 때문이다.

주식 투자는 자신만의 철학을 가지고 고집 있게 밀어붙이는 것이다. 그래서 세간에 잘 알려진 위대한 투자자들은 대부분 철학자적 면모를 지니고 있다. 감사하게도 그들은 자기 경험과 노하우를 담은 책을 남겼다. 그 책들을 통해 우리는 위대한 투자자들의 경험과 통찰을 쌓아갈 수 있다. 그러나 독서가 투자의 지름길은 아니다. 굳이 말하자면 구불구불한 비포장도로다. 그래서 느리고 험난한 걸음이 될 수 있다. 하지만 독서를 통해 얻은 지혜는 무의식적으로 각인되어 현명한 투자를 이어주는 가교가 되어줄 것이 분명하다.

한편으로는 이런 의문이 들 수 있다. "유튜브로 유명 투자자들의 강의를 거의 접할 수 있는데 굳이 책까지 읽어야 하나?"

아주 틀린 말은 아니다. 다만 슈퍼 리치의 강연을 통해 우리는 그들의 단편적 생각만을 엿볼 수 있다. 영상과 달리 책은 전반적인 것을 아우르고 있다. 즉 그들이 어떻게 통찰하게 되었는지 어떻게 사고했는지 등을 더 구체적으로 알기 위해서는 꾸준히 책을 읽으며 스스로 사고하는 수밖에 없다. 그렇게 쌓인 지식은 주식시장이라는 소음 속에서 의미 있는 시그널을 판별하는 직관을 가지게 것이다.

독서에 관한 얘기가 길어졌지만, 그래서 나는 열심히, 또 무작정 내달리기에 앞서 'Not to do list'를 작성하길 추천한다. 투자하다 보면 알아야 할 것이 너무 많다. 온갖 정보를 허겁지겁 받아들이기 전에 그 정보가 내가 투자하는 방향에 어떤 의미가 있는지를 생각해야 한다. 'Not to do list'의 '장기 투자에 도움 되지 않는 정보를 멀리한다'라는 항목 하나만으로도 수많은 정보가 걸러질 것이다.

엉뚱한 곳에 도착해 있지 않으려면 일단 '내가 달려가지 않을 방향'을 정해야 한다. 그것이 바로 'Not to do list'다. 하지 말아야 할 목록을 작성하는 중요한 의미는 가치가 없다고 의식적으로 결정한 것들을 기억하고, 가치 없는 일들이 당신의 시간을 갉아먹는 것을 막기 위함이다. 그렇게 당신의 소중한 시간을 갉아먹는 것들이 정리됐다면 그 시간을 독서에 내어주면 어떨까?

"현명하다는 것은 무엇을 무시해야 하는지를 아는 것이다."

미국의 심리학자인 윌리엄 제임스의 말이다. 여유롭고 마음 편히 투자하는 최우선 순위는 후회할 게 뻔한 행동을 하지 않는 것이다.

당신의 투자 성향을 파악하라

'집순이'와 '밖돌이'가 있다. 집순이는 집에서만 충전하는 스마트폰과 비슷하다. 그들은 밖으로 나가면 충전 케이블을 꽂을 곳이 없어 서서히 방전된다. 집순이는 다음과 같은 특성을 보인다.

- 외출할 시간이 가까워지면 급 피로가 몰려오고, 밖으로 나가면 지친다.
- 집에 먹을 것이 없어도 밖에 나가지 않는다. 시켜먹는 것도 1인분이 불가능한 때가 많아 끼니를 거르는 일이 많다.
- 한 번 나갈 때 모든 것을 해결한다. 친구를 만나고, 은행을 가고, 쇼핑을 하고, 각종 볼일을 본다. 그리고 집에 돌아오면 비로소 행복감을 느낀다.

한편 밖돌이는 무선 충전과 태양광 충전이 가능한 듯 보인다. 사람들을 만나면서도 에너지를 얻는다. 그래서 그들은 밖에 있을 때 더 기운이 난다. 밖돌이는 다음과 같은 특성을 보인다.

- 집에서 가만히 SNS만 보고 있으면 우울하다. '남들은 이렇게 멋지게 사는데, 나 이렇게 사는 게 맞나' 싶어 시간 낭비라는 생각이 든다. 밖에 나가야만 하루가 의미가 있다.
- 스트레스를 받을 때는 친구와 함께 술 마시고 대화하는 과정에서 마음이 풀린다.
- 평일 내내 사무실 '안'에 있으니 주말에는 꼭 밖으로 나간다. 주말이나 연휴에는 여행을 가거나 꼭 약속을 잡는다.

집순이와 밖돌이는 아마 투자에서도 다른 성향을 보일 것이다. 예를 들면 집순이는 주식이나 코인 투자 쪽을, 밖돌이는 부동산이나 현물 투자 쪽을 더 선호할지 모른다. 집순이나 밖돌이처럼 개인의 성향은 투자에서 중요한 영향을 미친다. 만약 집순이인 당신에게 누군가가 '밖으로 나가는 것이 더 낫다'고 말했다고 해서 억지로 밖으로 나가 에너지를 소진할 필요가 없다. 그렇게 해서는 삶이 즐겁지 않다. 즐겁지 않은 것은 오래 이어가기 어렵다. 당신이 어떤 성향의 투자자인지, 어떤 방식을 마음 편하게 오랫동안 이어갈 수 있을지 한번 생각해보자.

당신의 투자 성향을 파악하라

1. 성장주(시세 차익 투자) vs 가치주(고배당 투자)

성장주는 앞날이 유망하고 스마트한 젊은이와 비슷하다. 머리가 비상하고 성실해서 세계 최고의 대학에 입학했지만, 현재 버는 돈은 없다. 돈을 쓰기만 한다. 하지만 가능성은 무궁무진하다. 한편 가치주는 현재 돈이 많고, 현금 흐름이 좋은 어르신과 비슷하다. 안정적으로 사업을 일궜으며, 그 사업을 통해 막대한 돈을 벌어들이고 있다. 하지만 앞으로의 성장 가능성은 크지 않다.

물론 성장주라는 유망한 젊은이는 향후 가치주라는 어르신으로 커나갈 것이다. 그래서 성장주에서 가치주로 가는 과도기적 상태에 있는 중장년층 기업도 존재한다. 중장년층 기업의 경우 성장주와 가치주를 둘 다 가지기도 한다.

바이오, IT 등 신기술 분야 투자를 선호한다면 성장주에 관심이 많을 것이다. 식음료, 석유 에너지 등 우리 삶의 필수품 분야 투자를 선호한다면 가치주에 끌릴 것이다. 현재 우리 삶의 필수품으로 자리매김한 것들을 생산하면서 성장성을 보이는 기업도 있다.

성장주, 가치주는 저마다의 분명한 장점이 있다. 성장주는 미래 가능성이 큰 만큼 훗날 막대한 시세 차익을 누릴 가능성이 있다. 가치주는 현재 좋은 현금 흐름을 창출하는 만큼 주주로서 고배당을 누릴 수 있다.

한창 성장하고 있는 기업이 고배당을 주는 경우는 드물다. 그러므로 어느 한쪽의 투자 스타일을 비중 있게 선택하는 편이 합리적이다. 두 가지를 모두 누리기는 어렵기 때문에 투자 스타일은 한쪽으로 기울기 마련이다. 당장 넉넉한 배당을 받지 못하더라도 향후 큰 시세 차익을 안겨줄 수 있는 성장주에 투자할 수 있다. 반대로 또박또박 현금을 안겨주는 가치주에 투자할 수 있다.

20대, 30대 투자자라면 시세 차익형 성장주 투자에 좀 더 관심을 가져볼 만하다. 젊은 투자자라면 시드 머니가 많지 않기 때문에 고배당을 주는 투자가 그다지 의미가 없다. 배당이 높아 봐야 5퍼센트 내외인데, 1000만 원을 투자해서 연간 50만 원의 배당을 받으니, 장기간 시세 차익에 배팅하는 편이 낫다.

그러나 정년을 앞둔 60세 전후의 투자자라면 고배당을 주는 안정적인 기업에 투자하는 것이 좋다. 그들은 퇴직금 등 목돈을 보유했을 가능성이 높고, 그런 경우 성장 가능성은 매우 낮지만 고배당을 주는 기업 투자가 의미 있다. 이처럼 자신의 상황을 고려해서 투자 스타일을 정해보자.

2. 라지캡(대형주) vs 스몰캡(소형주)

라지캡 large capitalization은 시가 총액이 높은 대형주를 뜻한다. 즉 시가 총액(발행 주식 수 × 주당 가격) 상위권에 위치한 기업이다. 미국 시장을 기준으로 이런 대형주를 벤치마킹하는 대표적인 인덱스는 S&P500과 다우존스가 있다. 많은 투자 전문가는 "주식시장을 잘 모르는 사람은 우량주에 투자하세요"라고 말한다. 이때 우량주는 일반적으로 라지캡 주식에 속해 있다.

반대로 스몰캡small capitalization은 시가 총액이 낮은 소형주를 뜻한다. 시가 총액이 매우 적어서 위험성이 높을 수 있다. 하지만 세력이 작전을 펼치기에 안성맞춤이다. 그런 이유로 스몰캡은 비전문가가 투자하기에 적합하지 않은 속성을 가지고 있다. 하지만 그만큼 앞으로 폭발적으로 성장할 수 있는 가능성도 내포하고 있다.

본업이 투자가 아닌 일반인이라면, 라지캡 범주에서 투자하는 편이 안전하다. 지금 막 떠오르기 시작한 유행하는 스몰캡 투자에 관심을 갖기 시작하면 투자가 한없이 복잡해진다. 라지캡, 스몰캡, 미들캡 가리지 않고 남들이 좋다는 투자를 따라다니다 보면 어떻게 될까? 어느새 주식 계좌는 잘 모르는 종목들로 가득차게 된다.

어느 정도 주식 투자를 통해 자본이 무르익었다면, 투자금의 일부를 스몰캡 주식에 투자할 수도 있다. 하지만 주식 투자를 시작한 지 얼마 안 된 상태에서 스몰캡에 손을 대는 것은 위험하다.

당신이 종목 선택을 할 때는 방향을 한쪽으로 정하는 편이 낫다. 한 방향이 다른 방향에 상충되는 부분이 있기 때문이다. 상충되는 의도를 가지고 투자하다 보면 혼란스러워진다. 모순, 즉 자가당착에 빠지게 된다. '모순'은 법가사상가 한비의 저서 《한비자》 36편 〈난편難篇〉 중 가장 유명한 대목으로 잘 알려져 있다.

초나라 사람 중에 방패와 창을 파는 자가 있었다. 그 사람은 방패를 칭찬하며 말했다. "내 방패는 견고해서 어떤 물건으로도 뚫을 수 없다." 그러고서는 창을 칭찬하며 말했다. "내 창은 날카로워서 뚫지 못하는 물건이 없다." 누군가가 물었다. "당신의 창으로 당신의 방패를 뚫으면 어떻게 되는가?"

그 사람은 대답할 수 없었다. 무릇 뚫을 수 없는 방패와 뚫지 못하는 물건이 없는 창은 같은 세상에 양립할 수 없는 것이다.

이것도 저것도 다 좋아 보인다고 해서 다 품고 가려고 하면 종래에는 결국 모순적 상황에 직면하게 된다. 두 방향 다 맞다 할지라도, 동시에 두 가지를 하다 보면 중심 의도가 훼손될 수 있다.

한때 나는 사진을 잘 찍고 싶었다. 그래서 '스마트폰으로 사진 잘 찍는 법'이라는 수업을 수강했다. 수업 첫 시간에 강사가 가장 강조했던 것은 '작품의 중심 주제'를 정하라는 것이었다. 한 작품에 하나의 주제가 담겨야 한다는 것이다. 그때 나는 내 사진의 문제점이 무엇인지 깨달았다.

나는 사진 찍을 때 욕심이 너무 많았다. 멋진 호수와 붉은 노을도 담고 싶고, 귀여운 강아지도 들어갔으면 좋겠고, 친구 얼굴도 잘 나왔으면 했다. 그러고는 찍은 사진을 보면서 이렇게 생각했다. '어떻게 해도 이 멋진 것을 다 담을 수가 없네. 카메라 성능이 좋은 휴대폰으로 바꿔야 하나?' 이렇게 기계 탓을 했다. 사실 기계가 문제가 아니라 나의 과한 욕심이 사진을 망친 것이다.

너무 많은 의도가 담기면 어떻게 될까? 좋은 것이라고 다 욱여넣다 보면 절대 좋은 작품이 탄생할 수 없다. 투자도 마찬가지다. 투자하다 보면 자주 모순되는 상황과 마주하게 되는데, 그 상황에서 자신의 의도가 분명하다면 선택은 어렵지 않다. 하지만 좋은 것들을 다 욱여넣는 투자를 하면, 나중에는 이도 저도 아닌 괴생명체를 만나게 된다. 그러므로 중심 의도를 정하고 투자를 진행해야 한다. 중심 의도가 있다면 상충하는 믿음 속에 혼란을 느끼는 것을 최소화할 수 있다.

워런 버핏은 말했다. "우리는 사업에서 어려운 문제들을 해결하는 걸 배우지 않았다. 우리가 배운 건 그런 문제들을 피해 가는 것이다."

그는 자신이 중시하는 의도에 집중하며, 장기간 그 방식을 고수했다. 당신도 그처럼 자신에게 가장 잘 맞고, 마음 편안한 주식 투자의 스타일을 정하자. 그리고 그 방식을 장기적으로 이어가자. 셀 수 없이 많은 투자의 변수들로 저글링 하는 것은 장기간 성공적으로 이어 나가기 어렵다.

"사실 좋은 삶은 대단한 뭔가를 추구하기 이전에 멍청한 것, 어리

석은 것, 잘못된 것 등을 피할 때 이루어진다. 즉 '주식 투자에서도 하지 않아야 하는 것'을 안 할 때 삶은 풍성해진다"는 소설가 롤프 도벨리의 말처럼, '하지 않아야 하는 것'을 스스로 판단할 수 있는 현명함을 지니자.

5
한 방이냐 또박또박이냐

투자자 S는 주로 초저가 코인을 집중적으로 공략한다. 100원 미만의 코인이 그의 주요 타깃이다. S가 이런 투자를 하는 데는 다 이유가 있다. '10원짜리가 100원이 되는 것은 100만 원짜리가 1,000만 원이 되는 것보다 쉽다.'

100원 미만인 코인 가격이 더 빠르게 움직인다는 것을 S는 경험적으로 알고 있었다. 그래서 가격이 100원 미만인, 소위 '잡코인' 20여 개에 투자했다. 그의 분산 투자는 만약의 상황에 대비하기 위한 안전장치였다. 그의 전체 코인 자산은 1000만 원이었고, 코인당 약 50만 원 정도를 소유했다. 이렇게 S는 나름의 방어 전략을 구사했다.

S의 생각도 얼추 맞다. 거래량이나 시가 총액이 적은 코인은 빠르게 움직이기 때문에 시세가 급등할 수 있다. 또한 단 한 명의 큰손이 강세장을 만들어낼 수도 있다. 텅 빈 수레를 끌고 언덕을 가뿐히 올라가듯 텅 빈 자산의 가격은 쉽게 오르기도 한다. 그래서 10원짜리 코인이 단 며칠 새 80원이 되는 일도 간혹 있다.

　하지만 반대의 경우도 생각해야 한다. 단 며칠 새 10원짜리 코인이 2원으로 주저앉을 수도 있다. 많은 투자자가 '잡코인'을 대할 때 상승 속도만 생각하고 투자한다. 하락 속도도 그만큼 빠를 수 있다는 사실을 잊어버리는 듯하다.

　S처럼 공격적인 투자자들의 성공 확률을 높일 방법이 하나 있다. 바로 '미술 컬렉터'가 사용하는 방식의 투자다. 위험천만한 종목들에 자잘한 금액을 넣어두고 '아주 오랜 기간'을 기다리는 것이다. 이렇게 하면 '의외의 한 방'이 있을지 모른다.

　"미술품으로 돈을 벌려면, 무명 신인 작가의 작품을 많이 사서 모아야 해요." 용산에서 갤러리와 카페를 운영하고 있는 갤러리 대표가 나에게 미술품 투자법을 살짝 귀띔해주었다. 그녀는 이어서 말했다.

　"그런 작품은 별로 안 비싸요. 무명 작가들의 작품을 다량으로 사두면 먼 훗날 그들 중 한두 명은 아주 유명해져요. 유명해진 작가의 작품은 훗날 경매로 수십 억, 수백 억을 웃돌기도 해요. 미술품은 이런 식으로 투자해요."

물론 그녀는 이 투자 방식에 걸림돌이 있다는 점도 지적했다. "근데 문제가 하나 있어요. 작품을 모을 때 아무래도 내가 애정을 갖는 작품을 사다 보니 가격이 올라도 경매로 팔기가 싫더라고요."

내 귀에는 '가격이 올라도 팔기 싫다'는 점이 오히려 장점으로 들렸다. 이처럼 미술 컬렉터들은 작가가 아직 유명하지 않고, 작품 가격이 저렴할 때 많은 작품을 사들인다. 작품을 선택할 때 컬렉터들은 자신의 취향을 철저히 고려하는데, 작품이 좋아서 소장할 생각으로 사기도 한다. 투자 그 이상을 바라보는 것이다. 이런 컬렉터들의 수집 작품은 수십 년의 시간이 흘러 '천문학적 가치'로 치솟기도 한다. 국내 미술품 시장에서 '대장주'가 된 이우환, 김환기 등의 작품이 그러하다. 이들 거장의 작품은 100억 원을 호가하기도 한다. 즉 미술품은 일종의 가치 투자인 셈이다.

그러나 안타깝게도 공격적인 투자자일수록 이와 같은 방식으로 투자하는 투자자가 드물다. 소위 '잡주'나 '잡코인'으로 일컬어지는 종목을 보유하면서 미술 컬렉터 같은 인내심을 갖기는 어려울 것이다. 애초에 접근하는 의도 자체가 다르기 때문이다.

주식이나 코인 등에서 공격적인 종목을 선택하는 이유는 해당 종목에 특별한 애정이 있어서가 아니다. 오히려 단기간 급등을 기대하는 마음이 더 강해서다. 미술시장에서 요구되는 기다림의 시간은 10년 혹은 20년, 경우에 따라서는 그 이상을 기다려야 한다. 그에 비하면 주식이나 코인시장의 기다림은 길어봐야 5~7년 정도다. 미술시장에서 요구되는 시간보다 훨씬 짧은데도 투자자들은 느긋하게 기다리지 못한다. 이는 투자자 탓이 아니다. 미술품 투자와 주식 및 코인 투자는 그 생태계가 완전히 다르다. 미술품은 아름다움을 감상하며 시간을 보낼 수 있지만, 급등을 기대하고 산 주식이나 코인은 감상할 만한 것이 없다. 공격적인 종목을 소유한 경우에는 가격이 요동치는 가운데 20~30퍼센트 반짝 상승하면 매도하는 것이 일반적이다. 언제 또 하락할지 모르니까 당연한 이치다. 그러므로 공격적인 종목 투자에서는 미술품 투자와는 달리 수천 퍼센트 상승을 맛보기 어렵다.

"젊을 때는 주식에 좀 공격적으로 투자해도 괜찮아요!"

나는 간혹 이렇게 주장한다. 젊은 투자자가 다소 공격적으로 주식 투자하는 것을 긍정적으로 보는 편이다. 다만 그 공격성을 대하는 방식이 중요하다. 내가 말하는 공격적 투자는 '공격적인 종목 여기저기에 분산 투자'하라는 뜻이 아니다. '공격적인 액수의 돈을 투자'하라는 것이다.

그렇다면 '공격적인 액수의 돈'은 어느 정도가 적당할까? 사람마다 기준은 조금 다르겠지만, 내가 생각하는 '공격적인 액수의 돈'은 약 6개월치 월급 정도다. 이 정도의 돈을 우량한 한두 개 종목에 투자하는 것이다. 공격적 투자는 젊었을 때, 즉 아직 시드 머니가 적을 때 도전해볼 만한 괜찮은 방법이라고 나는 생각한다. 중년이 넘어서 어느 정도 자산이 있는 나이에는 이런 공격적인 투자를 하기 어렵다.

그런데 많은 젊은 투자자가 S와 유사한 투자 방식을 선택한다. 다시 말해 공격적인 종목에 적은 액수의 돈을 분산 투자한다. S와 같은 유형의 투자자는 공격적이고 위험한 종목 선택에는 과감하지만, 큰 액수의 돈을 우량한 한두 종목에 투자하는 것을 위험하다고 여긴다. 실제로 어느 쪽이 더 위험한지 생각해봐야 할 문제다.

한 방을 노리면서 과도한 위험을 피하기 위해서는 두 가지를 생각해야 한다. 하나는 투자자가 두려워해야 하는 것을 아는 것, 또 하나는 투자자가 두려워할 필요가 없는 것을 아는 것이다.

먼저 투자자가 두려워해야 하는 것을 생각해보자. 가장 두려운 것은 '상장 폐지'다. 이는 고위험 종목에서 빈번하게 발생한다. 50원이라고, 엄청 싸다고 들어갔는데 그게 10원이 될 수도, 휴지 조각이 될 수도 있다. 예를 들어, 어느 날 신이 당신에게 이렇게 제안을 한다고 생각해보자. "나는 너에게 최고의 자동차를 선물할 것이다. 람보르기니, 벤틀리, 롤스로이스, 무엇이든 네가 원하는 차를 줄 테니 어서 말해보거라."

갑작스러운 제안에 눈이 휘둥그레진 당신의 머릿속에서는 온갖 멋진 차들이 떠오른다. 이때 신이 덧붙인다. "단 너는 그 차를 평생토록 타야 한다."

원하는 차를 준다는 것과 원하는 차를 줄 테니 평생 써야 한다는 것은 엄연히 다르다. 그런 만큼 당신의 머릿속은 '고장 나지 않는 차'에 초점을 맞출 것이다. 이 제안에서 자동차의 화려함이라거나 디자인은 그다지 중요한 요소가 아닐지 모른다.

나는 주식이나 여타의 자산을 선택할 때도 이런 마음이어야 한다고 생각한다. 차가 고장 나면 끝장인 것처럼 주식도 상장 폐지되면 끝장이니 말이다.

다음으로 투자자가 두려워할 필요가 없는 것을 생각해보자. 대표적으로 '시장의 변덕'은 두려워할 필요가 없다. 변덕스럽고 들쑥날쑥한 것은 주식시장의 고유한 특성이기 때문이다. 변동성이 사라졌다면 그곳은 더 이상 주식시장이 아니다. 주식시장의 변덕이 두렵지 않다면, 의미 있는 액수의 돈을 몇몇 우량한 종목에 묻어두는 투자가 위험하다는 생각도 사라질 것이다. 변덕스러운 주식시장이므로 '주식시장의 등락' 역시 두려워할 필요가 없다. 주가 폭락은 태초의 주식시장 때부터 빈번하게 있었던 일이다. 준비나 대비는 필요하겠지만, 주식시장이 폭락할 때 자신이 소유한 주식이 함께 폭락한다고 해서 움츠러들지 않아도 괜찮다. 단 주식시장이 20퍼센트 폭락할 때 자신의 주식이 이미 반토막 나 있다면, 고위험 종목이나 유달리 고평가된 종목에 투자한 것은 아닌지 점검해봐야 한다.

요컨대 주식 투자를 하면서 가장 두려워해야 할 것은 '주식시장의 등락'이 아니라 '상장 폐지'다. 그런데 많은 투자자는 두려워해야 할 것과 그럴 필요가 없는 것을 혼동해서 후회스러운 선택을 한다. 위험을 피하는 투자를 하겠다면 '내가 정말로 두려워해야 할 것은 무엇인지'를 먼저 생각하는 게 중요하다.

공격적으로 투자하는 것은 괜찮다. 특히 지금 이 책을 읽고 있는 당신이 젊은 투자자라면 한 방을 노리고 공격적인 투자에 과감히 도전해봐도 좋겠다. 이때 아니면 언제 해보겠는가?

나는 앞서 공격적인 방식을 두 가지 제안했다. '미술 컬렉터'처럼 투자하든가, 의미 있는 액수의 돈을 우량한 소수 종목에 투자하든가. 다만 단도직입적으로 말하건대, 한 방을 노리고 사고팔기를 반복하는 공격적인 투자는 미래의 자신에게 아무것도 해줄 수 없다.

그러므로 '내가 두려워해야 할 것이 무엇인지'를 아는 것부터 시작하자. 그리고 공격적인 투자 방식을 선택할 때 미래의 자신에게 유리한 방향이 무엇인지 잘 생각하자.

6

주식시장은 불확실성을 싫어한다

타임머신을 타고 미래로 시간 여행을 할 수 있다면 당신은 무엇을 하겠는가? 물론 영화 속에서나 등장할 법한 일이다. 그래도 시간 여행이 가능한지 불가능한지를 판단하기 이전에 한번 생각해보자.

이 질문을 던졌을 때 사람들이 가장 많이 말하는 게 돈이다. 로또 번호를 알아 오겠다, 땅값이 오를 지역을 알아오겠다, 주식 시세표를 확인하겠다 등과 같이 돈이 1순위다. 생각해보면 돈에 관한 미래 예측만큼 대중의 관심을 강하게 끌어당기는 소재가 또 있을까?

나는 미래로 가고 싶은 마음은 없지만, 미래에 벌어질 일은 궁금하다. 미리 알 수 있다면 현명하고 효율적으로 대응할 수 있으니까 말이다. 미래를 궁금해하는 사람은 비단 나만이 아닐 것이다. 사람들은 불확실성으로 가득한 미래에 두려움을 느낀다. 그래서 어떤 현자가 나타나 미래를 예측해주길 바란다. '예측'을 원하는 수요(사람들)가 많으니 공급(전문가)은 당연히 많을 수밖에 없듯이, 특정 종목이나 경제 전반을 예측해주는 전문가들의 유튜브나 책은 늘 인기 폭발이다. 나 역시 그런 콘텐츠의 유혹에 곧잘 빠진다. '202N년 상반기 경제 예측', '국내 10대 증권사가 예측한 202N년 코스피 지수' 등 제목만 봐도 심장 박동이 빨라진다.

1년 전 사람들은 경제 전문가에게 물었다.
"앞으로 원달러 환율은 어떻게 될 것이라고 보세요?"
묻는 사람도 답하는 전문가도 '정답을 모른다'는 것을 알고 있다. 다만 전문가라면 당연히 예측해줄 거라고 기대한다. 그런 만큼 전문가들도 자신의 선에서 최선을 다해 전망하는 수밖에 없다. 국내의 기라성같은 전문가들은 환율에 대해 다음과 같은 전망을 내놓았다.
"하반기 환율은 안정적인 박스권에서 움직일 것으로 봅니다."
"내년 말 환율은 1100원 이하가 될 것으로 예상합니다."
"올해 6~7월쯤을 고점으로 보고 있습니다. 환율 예상치는 1230원입니다."
"향후 3~4개월 후 환율이 하락할 것으로 전망합니다."

마침내 전문가들이 예측한 시점에 도달했을 때, 환율은 1400원이 넘어 있었다. 환율은 모든 상식선의 예측을 뛰어넘고 비정상적으로 고공행진했고, 예측을 비웃기라도 하듯 13년 만에 최고치를 기록했다. 이처럼 상상을 초월하는 일이 숨 쉬듯 일어나는 곳이 바로 금융 시장이다.

전문가들을 힐난하는 것이 아니다. 예측이라는 것이 실로 무용할지라도 그들은 예측해야만 한다. 업의 특성상 어쩔 수 없다. 제롬 파월도 세계 경제를 예측하고 대응하는 일을 한다. 그는 연준이 주기적으로 실시하는 FOMC(Federal Open Market Committee, 연방공개시장위원회)에서 인플레이션에 대해 예측하며 금리 결정 등 통화 정책을 내놓았다.

- 인플레이션은 일시적이다. 2022년에 2.0퍼센트대로 떨어질 것이다. (2021년 3월)
- 인플레이션은 2022년에 2.5퍼센트로 떨어질 것이다. (2021년 11월)
- 인플레이션은 2022년에 4.3퍼센트로 떨어질 것이다. (2022년 1월)
- 인플레이션은 2022년에 5.2퍼센트로 떨어질 것이다. (2022년 6월)

인플레이션, 금리 등에 관한 연준의 과거 예측은 완벽하게 빗나갔다. 경제 예측의 본질을 잘 모르는 사람이 과거 연준 의사록을 보면

기가 찰지도 모른다. '예측은 불가능하다'는 전제를 잊고 본다면 연준은 거의 허언증 환자로 비칠 것이다.

연준의 현란한 예측이 번번이 실패로 돌아가는 것을 탓하려는 것 역시 아니다. 금융시장 예측 자체가 불가능하다고 말하고 싶은 것이다. 세계 금융을 크게 흔들어놓을 사건은 불규칙하게 발생한다. 예측할 수 있는 성질의 것들은 실상 금융시장에 큰 영향을 주지 못한다.

정확한 시장 예측이 불가능하다는 것을 설명하는 두 가지 가설이 있다. 첫 번째는 프린스턴대학 교수 버튼 멜키엘의 '랜덤 워크 가설'이다. 이는 주식시장의 가격 변동이 랜덤(무작위) 성격을 띠므로 예측할 수 없다고 주장한 가설이다. 이 가설을 주장한 멜키엘 교수는 이렇게 말했다.

"눈을 가린 원숭이들이 신문 주식 페이지에 다트를 던지게 해서 선택한 주식에 투자하는 것이 투자 전문가들의 포트폴리오보다 높은 수익을 낸다."

원숭이의 투자 감각은 심지어 실험으로 검증됐다. 〈월스트리트저널〉 유럽판은 2000년대 초반에 실제로 이 실험을 했다. 기대했던 것처럼 원숭이는 투자 전문가들보다 높은 수익을 냈다. 물론 원숭이와 투자 전문가들 방식에 다소간의 차이는 있었다. 원숭이는 처음 찍었던 종목을 1년 동안 지속적으로 보유했던 것에 반해, 투자 전문가들은 매매에 자유로웠다. 어쨌든 주식시장 예측에 근거한 현란한 기술이 그다지 도움 되지 않는다는 것만은 분명히 알려준 실험이다.

두 번째는 시카고대학 교수 유진 파마가 주장한 '효율적 시장 가설'이다. 이 가설은 정보와 기대가 가격에 빠르게 반영되므로 장기적으로 주식시장 수익률을 뛰어넘을 수 없다고 말한다. 이는 주가를 예측해서 초과 이익을 달성하기 어렵다는 내용을 함의하고 있다.

유진 파마의 주장과는 반대로 시장이 비효율적이라면 어떨까? 틈새시장을 공략해 막대한 이익을 달성할 수도 있을 것이다. 실제로 법의 테두리 안에서 시스템의 맹점을 노리는 투자자들도 있다. 하지만 개인 투자자들이 시장의 '눈먼 돈'을 공략하는 자본가의 전략을 구사해내기는 어렵다. 그러므로 일반 투자자들은 예측을 통한 대응이 무의미하다는 '효율적 시장 가설'을 받아들이는 편이 낫다.

모든 것은 불확실하다. 주식시장은 불확실성을 싫어한다. 그러나 불확실성을 나쁘게만 볼 필요는 없다. 만약 당신이 예측의 귀재여서 모든 것에 뛰어난 예측을 한다고 가정해보자. 예측을 잘했다고 해서 효율적인 대응을 한다는 보장은 없다. 전쟁이 일어날 것을 3개월 전에 알았다고 해도 전쟁 발발 직후에 주가가 떨어질지 오를지는 알 수 없다. 전쟁 위험이 감돌 때 주가가 폭락하다가 전쟁이 발생한 이후에 주가가 오른 사례도 있다. 경제부 기자들은 이 상황을 어떻게 설명해야 하나 고민하다가 다음과 같이 헤드라인을 뽑을 것이다.

'불확실성 해소에 금융시장 '안도', 증시 상승 환율 하락!'

전쟁이든 전염병이든 미리 알아도 투자자가 효과적으로 대응할 수 있으리라는 보장은 없다. 결국 투자 결정의 모든 단계는 예측 결과와 무관하게 불확실성을 내포한다.

그렇다면 모든 게 불확실한 상황 속에 투자자는 어떻게 대응해야 할까? 앞서 유진 파마의 '효율적 시장 가설' 소개했다. 그런데 시장에서 우리가 활용할 수 있는 대표적인 비효율성이 하나 있다. 금융시장에서는 버블과 버블 붕괴가 반복된다는 사실이다. 물론 버블과 버블 붕괴의 정확한 시점은 예측할 수 없다. 하지만 반드시 온다는 것만은 분명하다.

주식시장 버블은 서서히 차오르는 특성이 있다. 그리고 보통 마지막 순간에 가장 화려하다. 마치 불꽃 축제처럼 말이다. 불꽃 축제를 마음껏 누리자. 단 어느 순간에는 반드시 끝난다는 것을 염두에 둬야 한다. 너무 흥에 취해 현실 감각을 상실해버려서는 안 된다.

"투자자로서 우리가 저지르는 실수는 시장이 올라갈 때 영원히 올라갈 것이라고 생각하는 것입니다. 실제로 그런 일은 일어나지 않습니다. 어떤 것도 영원하지 않습니다. 순간입니다."

시장은 한결같이 불확실하다. 이런 불확실함 속에서 존 보글의 말은 큰 도움이 된다. 당신이 무엇을 예측하든 시장에서는 그 이상의 일들이 터져나올 것이다. 아무리 박식해도 원숭이보다 주식 투자를 못

할 수 있다는 사실을 받아들인다면 투자 결정은 오히려 단순해질 수 있다. 단 한 번의 결정을 진중하게 내리는 것이면 충분하다. 그 이후에 주식 투자자가 해야 할 일은 하나다. 예측에 기반한 잦은 매매의 유혹을 뿌리치는 것. 그 정도만 해도 최소한 원숭이만큼 뛰어난 투자자는 될 수 있다.

나 자신을 알라

《35세 아파트 200채 사들인 젊은 부자의 투자 이야기》《나는 갭투자로 300채 집주인이 되었다》, 2016년 내 호기심을 자극한 책들 제목이다.

2009년 이래 부동산 시장의 지속적인 침체가 이어지자, 정부는 부동산 자산 가격 정체를 극복하고자 '빚내서 집을 사라'며 권장하기도 했다. 나는 이 분위기에 편승해서 집을 사야겠다고 마음먹고 갭 투자에 뛰어들었다. 갭 투자는 매매가와 전세가 차이만 투자해서 나중에 매매가 상승분에 대한 이익을 얻는 투자였다. 갭 투자를 위해 본격적으로 부동산 공부를 시작했고, 정보를 얻기 위해 부동산 경매와 소액 투자로 유명한 카페에 가입했다. 부동산 인기 강사들의 강연도 빠짐없이 챙겨 들었다. 이 일련의 활동을 하는 데 1년간 1000만 원 가까이 들었지만, 아깝다는 생각은 들지 않았다. 그 돈은 훗날 더 큰 수익으로 돌아올 것이라고 철석같이 믿었기 때문이다.

부동산 강사들 10명 가운데 8명은 빨리 투자하라고 권한다. 이유는 실전 경험을 쌓는 것이 중요하다는 것과 지금의 좋은 기회를 놓쳐서는 안 된다는 것이다. 나는 강사들의 권유대로 좋은 기회를 놓치지 않기 위해 천안, 청주, 광주에 아파트 한 채씩을 매수했다.

나는 매매가 1억 6000만 원의 아파트를 사서 1억 6000만 원에 전세 세입자를 들이면 실제 투자금이 0원이라고 착각했다. 소위 '무피투자'로 0원의 투자금이 무한의 수익률을 안겨줄 것으로 생각했다. 그러나 실제 투자금은 0원이 아니었다. 취득세, 등기 비용, 부동산 수수료, 도배 및 장판, 기본 수리비 등 각종 고지서가 날아들었다. 또한 1억 6000만 원에 전세 세입자를 들였으므로 레버리지를 일으킨 셈이었다. 레버리지에 대한 위험 부담은 온전히 집주인의 몫인데, 집값이 하락하면 그 하락분을 고스란히 감당해야 했다.

설상가상으로 그 일은 실제 일어났다. 매매가 1억 6000만 원이던 아파트 가격이 1년도 채 되지 않아 1억 2000만 원까지 떨어졌다. 전세 1억 6000만 원에 살고 있던 세입자는 역전세(전셋값이 매매가를 초월)난이 일어날까 봐 불안했던 모양인지 계속해서 나를 닦달했다. 부동산 투자에 잘못 발을 들여서 내 연봉만큼의 손해를 볼지도 모른다는 생각에 덩달아 나 역시 불안해졌다.

아파트 매매가가 조금 오르자 나는 서둘러 아파트를 매도했다. 내 부동산 투자는 이렇게 마무리됐다. 시작은 창대했으나 끝은 너덜너덜했다. 매매가와 전세가의 차이가 적은 것에만 연연한 나머지 정작 중요한 문제는 고려하지 않은 결과였다. 2017년, 남들은 부동산 투자 성공 신화를 써 내려가던 때라 더 씁쓸했다.

사실 부동산 투자는 내 성향에 맞는 투자 방식이 아니었다. 세 가지 이유를 들 수 있다. 첫째, 부동산의 꽃은 임장(발품)이라는 말도 있듯이, 반복적인 현장 방문이 중요하다. 하지만 나는 밖을 돌아다니면 기운이 급격히 쇠하는 전형적인 집순이다.

둘째, 부동산은 너무 비싼 가격 때문에 레버리지 투자가 불가피하다. 대출 또는 세입자의 전세금을 통해 레버리지를 일으키는데, 결국 다 빚이다. 나는 레버리지 투자에서 오는 압박감을 그다지 좋아하지 않는다.

셋째, 부동산 투자자는 극도로 꼼꼼하고 정책에 민감해야 한다. 세금은 정책적인 영향을 받으며, 세금을 잘 관리하는 것이 부동산 투자 수익의 핵심 요소다. 세금 외 각종 수수료와 인테리어 비용 등도 철저히 계산해야 한다. 하지만 나는 머리 아픈 일이라면 질색한다. 바쁜 투자보다 시간에 기대는 투자를 선호한다. 좋은 것을 사서 우직하게 보유하는 것을 좋아하는 투자자로서 그저 실거주 부동산에만 집중하는 편이 나았다.

그렇게 나는 나와 맞지 않는 부동산 투자로 시간과 열정 그리고 피 같은 돈을 허비했다. 그러는 사이 배운 것도 많았지만, 수업료 수천만 원은 너무 과했던 것 같다.

한편 부동산 투자와 달리 주식 투자에서는 이 세 가지 요소가 불필요하다. 첫째, 주식 투자는 현장 방문을 할 필요가 없다. 만약 소형주 투자자라면 현장 견학이 필요할지 모르겠다. 그러나 삼성전자 규모로 시가 총액이 큰 회사에 투자한다고 가정한다면 굳이 현장 견학이 필요하지 않다. 애플 주식을 사는데 굳이 미국 애플 본사를 다녀올 필요는 없다. 온라인에서도 충분히 의미 있는 정보를 얻을 수 있다.

둘째, 주식 투자는 소액으로도 가능하므로 대출에 의존할 필요가 없다. 매월 꾸준히 들어오는 현금으로 평소 눈여겨본 주식을 사면 그만이다.

셋째, 주식 투자에서 극도의 꼼꼼함은 오히려 해가 된다. 남들이 모르는 정보를 굳이 알려고 깊이 들어갈 필요가 없다. 나 혼자서 아무리 특정 기업을 좋아한들 주가는 꼼짝하지 않는다. 대중이 열렬히 환호해서 주식을 매수할 때 주가는 오른다.

요컨대 부동산 투자에서 나의 발목을 잡았던 여러 요소가 주식 투자에서는 오히려 장점이 된다. 그렇다고 해서 자신과 잘 맞는 방식의

나 자신을 알라

투자를 하는 것이 단기적인 수익률을 끌어올리는 것은 아니다. 다만 오랫동안 지속 가능하다는 점, 수익을 오랫동안 쌓아나갈 수 있다는 점에서는 긍정적이다.

부동산 투자냐? 주식 투자냐? 어떤 투자가 더 우위에 있는지 논하기는 어렵다. 누군가에겐 최악의 투자처가 누군가에겐 최고의 투자처일 수 있다. 또 누군가가 특정 투자로 큰돈을 벌었다고 해서 그 방식이 절대 진리라고 단언할 수는 없다.

꼼꼼하고 치밀한 성향의 투자자는 부동산 투자와 '꿀케미'를 자랑한다. 또 모든 것을 자신이 쥐락펴락하는 것을 좋아하는 사람은 부동산 투자가 비교적 잘 맞을 수 있다. 그들은 부동산 물건과 연루된 어려운 문제를 하나씩 해결해가며 희열을 느낀다. 하지만 주식 투자에서는 신통치 않은 경우가 많다.

주식 투자는 부동산과 달리 개인이 그 기업을 좌지우지할 수 없다. 단지 기업 주식을 반복적으로 사고팔 뿐이다. 그런 이유로 부동산 투자와 주식 투자를 모두 성공적으로 겸하고 있는 투자자는 거의 없다. 전 세계를 통틀어도 이 두 영역을 완벽하게 아우르는 대가는 딱히 떠오르지 않는다.

심리학에는 메타 인지라는 개념이 있다. 메타meta는 한 단계 높다는 뜻이고, 인지認知는 어떠한 사실을 아는 것이다. 즉 메타 인지는 자신의 인지 능력에 대해 알고 조절하는 능력을 가리킨다. 이를테면 나 자신뿐 아니라 타인이나 외부 환경을 얼마나 객관적으로 살펴보고 정확하게 분석할 수 있느냐에 따라 메타 인지가 높은지 낮은지 결정된다. 메타 인지가 높은 사람의 경우 문제를 정확하게 파악하고 그에 적합한 해결책을 제안할 수 있지만, 메타 인지가 낮은 사람은 자신의 성향을 잘못 판단해서 무리한 계획을 세운다. 자신이 무엇을 잘하고 무엇을 좋아하는지 제대로 알지 못하는 것이다. 쉬운 예로 공부를 들 수 있다. 공부 잘하는 학생은 메타 인지가 뛰어나 자신이 아는 것과 모르는 것을 정확하게 구분해서 공부한다. 하지만 공부 못하는 학생은 아는 것과 모르는 것을 정확하게 구분하지 못하기 때문에 무엇부터 공부해야 할지 잘 모른다.

    나는 투자에서도 메타 인지가 필요하다고 생각한다. 메타 인지가 높은 사람은 자신이 무엇을 잘하는지 무엇을 좋아하는지 잘 알기 때문이다. 당신은 자신에 대해 얼마나 알고 있는가? 자신의 강점과 잘 맞는 투자 방식을 선택하고 있는가? 주식시장에서 나를 안다는 것만큼 가장 큰 무기는 없다.

4장

주식 투자, 멘탈이 전부다

문제는 돈이 아니라 생각이다

인생 2막은 패자 부활전이다

여기, 투자 실패로 5억을 날린 한 남성이 있다. 잠시 그의 이야기를 들어보자.

내 나이 마흔아홉. 아홉수의 저주에 갇힌 것일까? 자가 담보 대출과 신용 대출을 받아 투자한 주식은 가망이 없고, 9배 레버리지를 일으켜 투자한 코인은 청산당했다. 떨어지면 오르는 것이고, 크게 오르면 조정이 있다는 것이 내가 아는 전부였다. 시종일관 떨어질 수 있다는 건 내 시나리오에 없었다.

스물여덟 살에 입사해서 어느덧 내 나이 정년이 가까워져 간다. 동기들은 분당이며 광교 등지에 집을 마련했고 자산도 10억을 훌쩍 넘는다. 그런데 내 인생은 뭐란 말인가? 동기들과 대화를 나눌 때면 늘 소외된 느낌이 들었다. 이대로 있으면 안 될 것 같지만 그들을 단숨에 따라잡을 방법은 없었다. 그러다 주식, 코인, 레버리지 투자를 알게 됐을 때는 신이 나에게 허락한 마지막 사다리처럼 느껴졌다. 나는 야심차게 투자를 시작했다. 그러나 5억은 모래 알갱이처럼 순식간에 내 손가락 사이로 빠져나갔다.

이대로 삶을 끝내고 싶다는 생각에 한강으로 갔다. 죽을 생각을 하니 지난 20여 년의 시간이 주마등처럼 눈앞을 스쳤다. 아내에게 너무 미안했다. 경기도 변두리의 낡은 아파트였지만 우리의 첫 보금자리라며 얼마나 기뻐했던가. 대출금 갚겠다고 맞벌이하면서 오지게 고생해서 이제 겨우 다 갚았구나 싶었는데, 도대체 내가 무슨 짓을 한 거지? 나 자신에게 화가 치밀었다. 아내에게 뭐라 말하지? 앞으로 어떻게 살아가지? 말하지 말고 그냥 죽어버릴까? 막막하기만 하다.

그때 전화기가 눈에 들어왔다. 나는 무심코 송수화기를 집어들고 녹색 버튼을 눌렀다. "생명의전화입니다. 무엇을 도와드릴까요?" 수화기 너머로 목소리가 들려왔다.

"어디서부터 이야기해야 할지 모르겠어요. 죽어버리면 힘든 일도 다 끝나겠죠?"

내내 참고 있던 말을 해서일까? 감정이 북받치는가 싶더니 눈물이

왈칵 쏟아졌다. 목이 메서 말이 잘 나오지 않았지만, 나는 의식의 흐름대로 말을 이어 나갔다. 상담사는 두서없는 내 이야기에 귀 기울여 주었다. 그러고는 차분한 목소리로 이야기를 건넸다.

"많이 힘드셨겠어요. 막막하고 고통스러워서 지금 당장 벗어나고 싶으실 거예요. 그런데 우리가 살아가는 의미는 얼마의 돈이 전부가 아니잖아요. 우리 인생에는 다양한 삶의 이야기가 있어요. 몇억의 돈도 물론 중요하지만, 그건 삶의 단편일 뿐이에요. 지금은 암담하지만, 시간이 조금 지나면 다른 것들이 보이기 시작할 거예요. 다만 그 시간을 버텨내는 것이 쉽지 않으실 거예요. 그런 때는 병원에 가서 상담을 받아보는 것도 좋은 방법이라고 생각해요.

그리고 감정적으로 자극될만한 것들을 가급적 끊어내는 게 좋겠어요. 당분간 SNS, 유튜브, TV 등 모든 매체를 멀리해 보세요. 그런 매체는 인생의 일면만 보여주거든요. 가장 빛나는 순간의 일면이요. 방송인들의 이면에도 힘든 부분이 많아요. 하지만 그들의 삶도 그 힘든 부분이 전부는 아니죠.

○○○님께서 겪은 일을 나중에 다른 분들과 나눠보시는 건 어떨까요? ○○○님의 경험은 훗날 비슷한 상황에 처한 다른 분들께 큰 도움이 될 거예요. 누군가의 생명을 살릴 수도 있고요."

이후 이 남성이 어떤 선택을 했는지는 당신의 상상에 맡기겠다. 그가 한강에 간 이유는 감당할 수 없는 일을 맞닥뜨려서다. 자신과 아내가 반생애 동안 애써 일궈 온 재산을 잃어버렸으니 얼마나 암담하겠는가? 그의 어깨를 짓누르고 있는 건 다름 아닌 가장으로서의 책임감과 죄책감이었을 것이다.

일단 남성의 상황을 정리해보자. 5억을 날렸지만, 그의 삶이 난민 수준으로 추락한 것은 아니다. 또 전쟁터에서 총칼을 든 적과 대적하는 생존에 갈림길에 서 있는 것도 아니다. 하지만 한강 다리에 선 남성은 그보다 덜하지 않다고 느꼈다. 왜냐하면 그의 비교 대상은 난민이나 전쟁터의 적이 아니라 바로 이웃하여 생활하는 사람들이기 때문이다. 부의 수준은 우리가 속한 준거 집단을 기준으로 결정된다. 그리고 자신이 동일시하는 사람들만큼 부를 누리고 있거나 다른 사람보다 조금 더 가지고 있다는 데서 만족감을 느낀다.

온라인 커뮤니티에서 간혹 '돈과 시간이 엄청 많다면 여러분은 무엇을 하고 싶으세요'라는 질문을 만날 수 있다. 거기에 달리는 댓글을 보면 '그냥 취미생활을 하면서 잘 살고 싶어요', '유유자적 여행하면서 자연 속에서 즐기며 지내면 좋겠어요', '돈이 많으면 그냥 혼자서 살아도 좋겠다 싶어요' 등 꽤 소박하다. 그러나 한편으론 이 모든 것은 돈과 관계없이 지금 당장 누릴 수 있는 것들이기도 하다.

그렇다면 '감당할 수 없는 큰돈을 날리고 영영 재기할 수도 없다면 여러분은 어떤 삶을 선택하고 싶으세요'라는 질문에는 어떤 댓글이 달릴까?

나는 한 상담 전문가에게 비슷한 질문을 한 적이 있다. 그가 말하길, 사면초가 상황에 부딪히면 많은 이가 '자연인'의 삶을 선택한다고 한다. 방송 프로그램 〈나는 자연인이다〉에 나오는 그런 자연인 말이다. 이 프로그램을 보면 자연인들은 산속 오지에 머무른다. 그들이 산으로 들어오게 된 사연이 언급되는데, 참 각양각색이다. 그중에는 사업 실패, 투자 실패 등 돈과 관련된 사연도 많았다.

그러고 보면 돈이 없을 때와 돈이 많을 때, 이 두 극단은 의외의 접점이 있는 것 같다. 돈이 아주 많아도 자연 속에서 유유자적 취미를 즐기며 혼자 살고 싶고, 돈이 없어 재기 불가능해도 자연 속에서 유유자적 취미를 즐기며 혼자 살고 싶다는 것이다. 어쨌든 양쪽 다 행복을 위한 최선의 선택인 듯하다.

비트코인 투자로 1억 손해, 극단적인 선택을 한 30대 여성. 이 비극의 주인공이 내가 될 뻔한 적이 있다. 2018년 나는 주식으로 일군 자산 중 1억 4000만 원을 비트코인에 투자했다. 당시 비트코인 시세가 절반 정도 꺾인 터라 안심하고 들어갔다. 그러나 그 믿음은 무너져내리고 내가 산 가격의 70퍼센트 가까이 하락하는 구간을 지났다. 1억 원이 눈앞에서 사라지는 순간이었다.

무엇을 위해서 이 일을 하는지 회의감에 빠졌다. 돈이 증발한 것처럼 나도 증발했으면 좋겠다고 생각했다. 아주 잠깐이었지만 깊은 절망감에 자살 충동이 일었다. 그래도 당시 나에겐 실낱같은 희망이 있었다. 비트코인이 상장폐지 됐던 건 아니기 때문이다. 그렇게 일주일가량 지나고 나니 마음이 꽤 차분해졌다. 끔찍한 내 상황은 그대로였지만, 마음속에서 활활 타오르던 분노는 잦아들었다. 돈에 대한 상실감에서 눈을 돌리자 서서히 삶의 다른 의미들과 즐거움이 하나둘 눈에 들어오기 시작했다.

투자 실패로 큰돈을 잃었다면, 그래서 죽을 듯이 괴롭다면 무엇을 해야 할까? 일단 급한 불부터 끄자. '급한 불'이란 금전적인 것이 아니라 정신적인 것을 가리킨다. 정신이 나약해져 있을 때 사람의 자존감은 떨어진다. 자존감은 자신이 소중한 존재이자 유능한 사람이라고 믿는 마음으로, 인간에게 있어 매우 중요하다. 이 자존감을 통해 사람은 시련이 닥치면 자신을 믿고 해낼 수 있으리라는 자기 확신을 가지는데, 자존감이 너무 낮으면 자기혐오에 빠지기 쉽다. 대개 이런 경우 알코올에 의지하거나 대인 기피에 빠지게 되는데, 이런 자신을 절대 무시하거나 회피하지 않았으면 한다. 생명의전화 상담원의 조언처럼 병원에서 상담받고 약도 처방받는 것도 하나의 방법이다. 그렇게 급한 불을 꺼뜨리자.

하버드대학의 심리학 교수인 윌리엄 제임스는 인간의 자존감을 수식으로 표현했다.

자존감 = 실제 성취 ÷ 우리의 기대 수준

여기서 기대 수준이 높으면 자존감이 수모를 겪을 가능성도 커진다. 이 식을 통해서 우리는 자존감을 높일 수 있는 두 가지 방법을 유추할 수 있다. 실제 성취를 높이거나 우리의 기대 수준을 낮추는 것이다. 실제 성취를 높이는 것에 지친 상태라면, 일단은 쉬어가며 기대 수준을 낮춰본다. 사례 속 남성처럼 극단적인 불안에 휩싸였다면, 일단 모든 행위를 멈추는 것이 좋다. 안타깝게도 기대 수준을 형성하는 동료와 이웃을 일순간에 바꿀 수는 없다. 하지만 주위 사람들을 갈아치우는 것보다 더 드라마틱한 방법이 있다. 상담사의 조언처럼 각종 매체를 끄는 것이다.

인생의 멋진 일은 대부분 후반부에 일어난다. 지금 투자에서 어려움을 겪고 있다면 그것도 멋진 일을 위한 과정일 뿐이다. 우리 삶에는 돈 이외에 다른 이야기도 많다. 처참한 실패는 내 인생 이야기의 클라이맥스가 될지도 모른다. 위기 없는 영웅담이 있던가? 그 위기 이후에 어떤 길을 갈 것인지가 중요하다. 이미 일어난 위기에는 마침표를 찍고, 지금부터는 멋진 이야기를 시작하자.

2
안전장치 없는 롤러코스터

롤러코스터에 탑승했다. 철컥, 안전장치가 내려왔다. 그 순간 내려달라고 말할 수 있는 마지막 기회를 놓쳐버렸음을 실감한다. 열차가 움직이기 시작했다. 투탁투탁. 불길하고 둔탁한 소리가 귀에 거슬린다. 열차는 천천히 위로 올라간다. 몇 초 뒤 일어날 일에 대한 힌트라도 주듯이 아주 천천히. 긴장감이 감돈다. 주변 경치가 슬로모션처럼 흘러가는 건 내 마음의 속도인지, 실제 속도인지 잘 모르겠다. 고지에 이르자 열차는 잠시 멈춰 서는가 싶더니, 곧 주변 경치가 재빠르게 뒤섞이고 여기저기서 비명이 들린다. 크아악! 이제 머릿속에는 단 하나의 생각만으로 가득 찬다. 살려줘!

신이 인간을 보면 얼마나 웃길까? 안전하게 추락하는 기구를 만들고 즐긴다. '안전한 추락'이라니, 모순적이기 그지없다. 누군가가 맨 처음 아이디어를 냈을 것이다. "열차에 사람들을 단단하게 묶어서 50미터 상공에서 추락시켜보면 어떨까?"

참으로 괴기스럽다. 어쨌거나 그런 기구는 발명되었고, 수많은 인간이 그것에 탑승하기를 갈망한다. 돈을 내고 더운 날 추운 날 가리지 않고 몇 시간씩 줄을 서서 탑승을 기다린다.

주식시장은 롤러코스티와 무척 닮은 것 같다. 주식시장의 롤러코스터 같은 측면이 인간의 본능을 자극하나 보다. 주식시장이라는 롤러코스터 탑승을 위해 사람들은 기꺼이 돈을 내고 몇 시간이고 며칠이고 줄을 서서 기다린다. 격동의 4차 산업혁명 시대 흐름에 발맞춰 고성장하는 기술주에 투자한다면 탑승 난도는 급상승한다. 주식시장 롤러코스터는 올라가고 내려가고 추락하고 치솟고, 그러다가 원래 자리로 돌아온다. 그렇게 몸은 제자리로 돌아오지만, 정신은 한발 늦게 도착한다. 제자리로 돌아온 사람들의 낯빛이 창백하고 헝클어진 산발이 영락없는 귀신 몰골 같다. 그런데 함께 열차에 탑승한 몇몇 사람이 보이지 않는다. 사라졌다! 대체 어디로 간 것일까?

많은 사람이 안전장치 없이 주식을 시작한다. 안전장치 없이 시작한 사람들 대부분이 나중에 그 자리에 없다. 애초에 자신이 롤러코스터에 탑승한다는 것을 몰랐을 수도 있다. 혹은 어린아이들이 타는 전차 정도로 얕봤을지 모른다. 반면 주식시장 롤러코스터 탑승의 달인이 된 사람들도 있다. 그들은 주식 차트 위 아슬아슬한 외줄 타기, 물 타기, 불 타기 서핑 등 주식시장에서 온갖 묘기를 선보이곤 한다.

주식 투자를 시작하면 필연적으로 주식시장이라는 롤러코스터에 탑승해야 한다. 이는 거스를 수 없는 숙명이다. 단 종착지에 도달했을 때 비록 헝클어진 머리로라도 열차에 남아 있기를 원한다면, 반드시 안전장치를 마련해야 한다. 어느 정도의 현금이 그 역할을 해줄 수 있다. 현금이 없더라도 무리한 빚이 없다면 어느 정도는 안전장치를 갖춘 셈이다.

주식 투자에서 안전 마진이 얼마나 필요한지는 개인의 상황에 따라 다르다. 딩크족 부부와 4인 가족의 안전 마진 기준이 같을 수는 없다. 투자 회사를 설립해서 법인으로 투자하는 사람과 개인 투자자의 안전 마진도 다르다. 각자의 처한 환경에 따라 다르므로 스스로 판단하는 수밖에 없다.

그렇다면 안전 마진의 기준은 어느 정도여야 할까? 보통의 월급쟁이 주식 투자자를 기준으로 한번 생각해보자. 일반적으로 회사원은 월급으로 대출 이자나 생활비 등을 감당한다. 주식 투자는 여윳돈으로 할 텐데, 그 여윳돈이 탐탁지 않을 수 있다. 그래서 많은 직장인이 신용 대출을 받아서 주식 투자를 하기도 한다. 약 3000만 원 정도 신용 대출을 받아서 주식 투자를 한다고 가정해보자. 신용 대출 이자를 약 7퍼센트 정도로 계산해보면, 월 17만 5000원 정도 이자가 나온다. 생활비까지 생각하면 조금 빠듯할 수 있지만 불가능한 수준은 아니다. 3000만 원의 투자금이 때때로 반토막이 나는 시련이 찾아온다 해도 마음의 안전장치를 단단히 맨다면 해볼 만하다고 느낄 수 있다.

그러나 대출 규모가 일정 수준을 넘어가면 스스로 중심을 잡기 어려워진다. 그러므로 자신이 안전하게 롤러코스터에 탑승할 수 있는 한도가 어디까지인지를 생각해야 한다. 계획을 세울 때는 주식시장의 롤러코스트가 때로 지하 바닥을 뚫고 달린다는 점도 꼭 명심하자.

조금 더 여유를 누리고 싶은 투자자라면 안전장치를 몇 겹 더 두텁게 해야 한다. 이때 활용할 수 있는 방법은 현금을 보유하는 것이다. 보유 현금은 원화보다 달러가 낫다. 원달러 환율이 높을 때 달러를 사는 것보다는 1200원대 밑으로 떨어지는 시점에 조금씩 사모으는 게 좋다. 달러 환율에는 어느 정도 사이클이 있다. 주야장천 높은 환율이 유지되는 것은 아니다. 시간을 두고 지켜보면 달러 가치가 하락하는 시점을 만나게 되는데, 그때가 달러를 사야 할 때다. 이렇게 현금을 차곡차곡 쟁여서 안전 마진을 확보할 수 있다.

달러에 투자하는 데는 여러 가지 방법이 있다. 달러 예금, 달러 ETF, 달러 연금 등 다양한 상품이 생겨났지만, 금융사가 만든 상품에 손댈 필요는 없다. 가장 추천할 만한 투자 방법은 증권사 해외 주식 계좌에서 외화 환전을 해두는 것이다. 요즘에는 해외 주식 투자가 워낙 활성화되어 증권사에서 환전 수수료 장사를 거의 하지 않는다. 그 덕분에 고객들은 은행보다 저렴한 수수료로 환전하고, 편하게 달러를 보유할 수 있다. 다만 여기서 환전한 달러는 여행 갈 때 꺼내쓸 수 없다. 전신환 달러이므로 금융 시스템에 존재하는 돈이라고 생각하면 된다.

주식 투자를 하면서 현금을 넉넉히 보유한다? 사실 말이야 쉽지만, 실전은 그렇지 않다. 주식 자산의 20퍼센트 정도의 현금을 보유한다면, S&P500 지수가 30퍼센트 하락하는 시점에도 여유가 있다. 현금이 넉넉하면 오히려 큰 하락을 기회로 여기며 그간 눈독 들여온 주식을 저가에 매수할 수도 있다. 그런데 주식시장 호황기가 오면 좋아 보이는 주식들이 투자자를 유혹한다. 당장 상승 열차에 올라타지 않으면 안 될 것 같은 조바심에 사로잡히고 만다. 그래서 많은 투자자가 절체절명의 순간 현금 고갈에 시달리고 마는 것이다.

달러 자산 같은 현금 외에도 금이나 채권 등을 택하는 투자자들도 있다. 하지만 역사적으로 돌아볼 때 금과 채권은 안전 자산을 담당하기에는 변동성이 크다. 게다가 변동성은 크면서도 장기적으로 우상향하지도 않는다.

투자자들과 소통을 하다 보면 금에 대한 환상을 가진 투자자가 유독 많다고 느낀다. 금은 멋진 장신구로서의 가치는 있을지언정 안전

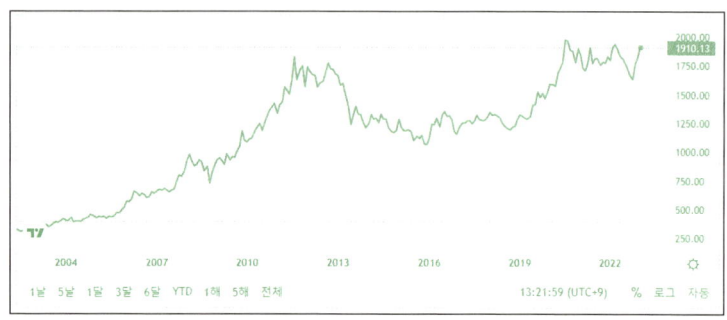

국제 금 시세 차트(USD/T.oz) (2023년 1월 기준)

자산으로 분류되기는 어렵다. 지난 20년간 금 시세 그래프(그림1)를 보면 '코스닥 작전주'의 주가 널뛰기가 연상된다. 안전 자산이랍시고 금을 보유했다가는 또 하나의 큼직한 변동성을 추가하는 셈이다.

  금은 세상이 불안정한 시기에 갑자기 우뚝 솟았다가 다시금 제자리를 찾는 경향이 있다. 시간이 지나고 보니 자신이 금에 투자한 시점이 고점이었을 수도 있다. 그런 경우 원금을 회수하기까지 오랜 시간을 기다려야 한다. 세상 정세에 따라 제멋대로 치솟고 꺼지는 자산을 왜 안전 자산의 위치에 올려뒀을지 추측해보건대, 1971년 이전에 존재했던 금본위 제도의 향수가 아직 남아 있어서일지도 모르겠다.

  안전장치 없이 롤러코스터에 탑승하면 놀이 기구를 즐길 수 없듯이, 주식 투자도 마찬가지다. 주식 투자에서도 적절한 수준의 안전 마진이 필요하다. 즉 안전 마진을 가지면 폭주하지 않는다. 안전 마진의 기준은 각 개인의 경제 수준에 따라 다르지만, 적절한 현금 보유나 빚 다이어트 등은 안전 마진의 좋은 수단이 될 것이다.

무엇보다 장기간 주식 투자를 이어가려면 평온한 마음이 기본이다. 마구 흔들리는 잔에 담긴 물은 쏟아지기 마련이다. 마찬가지로 마음이 평온하지 않고 마구 흔들린다면 부를 담아낼 수 없다. 다시 말해 흔들리는 마음 밭에서는 '돈 나무'가 뿌리내리지 못한다.

평온한 마음을 위해서는 투자하는 중간중간 마음이 쉬어갈 베이스캠프가 필요하다. 그 베이스캠프에는 자신에게 꼭 맞는 안전장치가 갖춰져 있어야 한다. 그러므로 자신에게 질문을 던져보자. 이 질문을 통해 자신에게 맞는 안전장치를 찾을 수 있을 것이다.

"나는 시장이 50퍼센트 하락해도 흔들리지 않을 수 있는가?"

3
제어할 수 없다면 ADHD를 의심하라

투자자 H는 오랜만에 주식 계좌를 열었다. 1년여 만이었던가? 계좌에는 잘 기억나지 않는 종목들이 가득했다. 수익률이 0에 수렴하고 있는 종목도 있었고, 수익률 370퍼센트를 찍은 것도 있었다. 어느 한 종목에도 크게 넣지 않아서 크게 번 것도 크게 잃은 것도 없었다.

사람들은 보통 주식 투자를 하기 전에 여러 가지를 살펴본다. 회사의 재무 상황, 제품의 영업 이익, 매출 성장세, 시장 점유율, 미래 성장 동력 등 여러 측면을 고민해서 투자를 결정한다. 그러나 H에게 이런 것들은 지루하고 혼란스럽다. 그의 투자 스타일은 '모르겠고 일단 사자'는 식이다. 그렇게 '일단 사버린' 종목들은 이내 그의 관심에서 멀어지고, 얼마간 후끈 달아오른 그의 투자 열정도 하락장이 오면 식어 버린다. H는 일상에서도 '모르겠고 일단 하고 보자'는 식이다.

그는 장래 희망이 가난뱅이인 것처럼 돈을 써댄다. 사지 않아도 될 물건을 사기도 하고 귀찮다는 이유로 대중교통 대신 택시를 타기도 한다. 헬스장에 등록하고는 단 한 번도 가지 않아 돈을 날린 적도 있다. 과소비가 일상인 H가 부주의로 낭비한 '멍청 비용'과 충동적으로 소비한 '시발 비용'은 수습이 곤란할 정도다. 이대로 가다간 언젠가 진짜 거지가 될지도 모른다고, H는 종종 생각한다.

H와 같이 충동적 무지성 투자를 일삼는 사람은 성격적 결함을 가진 게 아니냐며 비난받기도 한다. 그러나 이는 성격상의 문제가 아니라 성인 ADHD^{attention deficit hyperactivity disorder}를 의심해볼 수 있다.

ADHD는 집중력 결핍^{attention deficit}, 충동성 과잉 행동^{hyperactivity disorder}이 주요 특징이다. 정신건강의학과 전문의 한덕현 교수는 성인 ADHD 환자가 투자에서 직면하는 문제에 대해 다음과 같이 말했다.

"성인 ADHD 환자는 주식을 할 때 제대로 분석해 뛰어들기보다 순간적인 이익을 추구하는 편이라 장기 투자가 어렵습니다. 짜릿함을 느끼기 위해 지속적인 손해를 보면서도 위험주에 계속 투자할 수 있습니다."

주식 투자를 하다 보면, 멀쩡한 사람도 ADHD 환자가 된다는 말이 있다. 직장 생활, 대인 관계 등 꽤 정돈되어 있는 사람도 주식 투자에서는 충동적이고 인내심 없는 모습을 보이기 때문이다. 이런 경우 집중력 결핍과 충동성이 생활 전반에 영향을 미치는 것이 아니라면, 스스로 투자 원칙을 세우면 된다. 그러나 H처럼 일상생활에까지 영향을 미친다면 치료가 필요할 수도 있다.

실제 ADHD 처방약을 복용 중인 지인은 스스로 ADHD 환자라고 받아들이고 대응하고 있는 자신의 삶을 "화질 360p였던 세상이 4K로 보이는 느낌"이라고 말했다. 마치 머릿속 안개가 걷힌 것처럼 정돈된 삶에 흡족해했다. ADHD 검사를 받기로 결심한 것은 아무리 마음을 다잡아도 충동적 투자를 제어하기 어려울 정도라서 그대로 가다가는 금치산자의 길을 걷게 될 것 같은 절박함 속에서 내린 마지막 선택이었다고 한다.

혹시 당신은 투자를 충동적으로 하거나 자꾸 도박 성향의 투자에 이끌리고 있지는 않은가? 만약 그렇다면 ADHD를 의심하고 적극적으로 대응하길 바란다.

자신이 ADHD임을 고백한 코인 투자자 R은 한 온라인 커뮤니티에 자신의 투자 경험을 밝혔다. R은 국내에 가상화폐 거래소도 없던 시절, 암호화폐 거래소인 바이낸스Binance에서 거의 국내 최초로 코인 투자를 시작했다. 그는 가상화폐 이더리움에 130만 원 정도의 돈을 투자했다가 3000만 원이 되는 초심자의 기적을 경험하고 본격적으로 코인 투자에 뛰어들었다.

한창 코인 투자가 물이 올랐던 때 그는 400만 원의 시드 머니로 5억 원을 달성하기도 했다. 돈맛도 그렇지만, 새로운 코인시장에서의 정보 개척, 나만 아는 정보라는 짜릿함은 R을 과몰입하게 했다. 20대 초반의 젊은 나이에 수억 원을 가지고 있다는 자만심에 돈을 더 벌어야겠다는 욕심까지 합세해서 그는 무리수를 뒀다.

그러나 그의 계획과는 다른 시나리오가 펼쳐졌다. 그는 현실을 인정하지 못하고 방황하다가 결국 벌어둔 돈을 거의 다 날리고 말았다. 결국 R에게 남은 건 월세집 보증금 정도였다. 모든 게 끝나고 R이 느낀 것은 '과몰입의 끝은 광기'였다며, 그는 자신이 '미친 줄도 모른 채 미쳐가고 있었다'고 과거를 회상했다.

R이 경험한 '과몰입'은 ADHD의 대표 특징 중 하나이기도 하다. 흥분과 보상이 있는 일에 관해서는 완전한 몰입의 상태를 보이는데, 예를 들면 게임, 도박, 유튜브 등에 푹 빠져 시간 개념을 잃는 것이다. 그러다 보면 중요한 약속에 늦거나 해야 할 일을 방치하게 된다.

꼭 ADHD가 아니더라도 투자에 과몰입하는 사람들이 있다. 과몰입이 초래하는 가장 큰 단점은 세상을 근시안적으로 보게 된다는 점이다. 이는 다양한 관점으로 세상을 보는 안목을 해친다. 코앞의 일에만 초점을 맞추면 삶은 현실에 갇혀버린다. 현실은 곧 과거의 산물이기에 결국 근시안적 사고는 삶을 과거에 가두는 행위와 같다.

투자는 멀리 바라보는 사람이 유리하다. 사업에서도 마찬가지다. 도무지 이해할 수 없는 발언과 행동으로 투자자들을 당혹스럽게 하는 억만장자 일론 머스크에게는 일반인들에게 없는 안목이 있을지 모른다. 그의 기업은 의심할 여지 없이 인류의 미래에 중요한 역할을 하고 있다. 그의 사업 시도는 일반인의 시각에서 보면 다소 무리가 있어 보이기도 한다. 지구 밖으로의 확장을 시도하는 우주 사업, 자율주행을 탑재한 전기 자동차, 태양광 친환경 에너지, SNS 플랫폼 트위터 인수 등 무엇 하나 평범하지 않다.

많은 이의 조롱 속에서도 일론 머스크는 남들과 다른 무언가를 더 멀리 보고 있는 듯하다. 그의 빅픽처는 단기간에 돈을 많이 벌어 부자가 되겠다는 것도 아니고, 사업을 잘해서 업계 1위를 하겠다는 것도 아닐 것이다. 그건 아마도 마이클 잭슨의 〈Heal the World〉의 한 구절인 'Make a better place for you and for me'처럼 인류의 삶의 방식을 바꾸는 것이 아닐까?

눈앞의 이야기에만 관심 있는 투자자가 누릴 수 있는 건 오직 '차익 거래'뿐이다. 주식 투자로 돈을 벌면 그만이라고 생각한다면, 차익 거래를 제대로 공략하는 것도 나쁘지 않다. 나만 아는 정보로 오늘 사서 내일 팔아 얼마큼의 수익을 남길 수 있을 테니 말이다. 단 나만 아는 그 정보가 알려지기 전까지만이라는 전제가 따라붙는다.

그런데 한번 생각해보자. 멀리 보는 투자를 통해 'Make a better place'를 실현할 수 있다면 당신은 어떻게 하겠는가? 당장의 수익률만 좇아 충동적이고 과열된 양상의 투자를 하고 싶은가? 충동적이고 근시안적 투자에 매몰되어 있지는 않은지 스스로 점검해보자.

"멀리 내다보지 않으면 반드시 가까운 곳에 근심이 있다"는 공자의 말처럼, 충동성을 진정시킨다면 주식 계좌도, 일상의 평화로운 삶도 지킬 수 있다.

4

슬기로운 덕후 생활

김이나, 그녀는 히트곡 300여 개를 작사한 국내 저작권 수입 1위 작사가다. 그녀의 손을 거친 곡은 왜 더 특별하게 느껴질까? 그녀는 가사를 쓰기 전에 그 가수의 삶을 느끼고 캐릭터를 잡은 후 작업을 시작한다고 한다. 그래서인지 그녀가 쓴 가사는 대중가요의 평범한 사랑 이야기와는 차원이 다른 울림이 있다.

김이나는 작곡을 의뢰받으면 가장 먼저 그 가수의 삶의 조각들을 수집하면서 일련의 '덕질'을 통해 가수와 정서적으로 접속한다. 또한 가수가 생각하는 것, 팬들이 가수를 보는 시선 등을 파악하는 데 공을 들인다. 그리고 그들의 감정에 주파수를 맞춰 곡을 쓴다. 그렇게 가수에게 꼭 맞는 촉촉한 감수성의 가사가 탄생한다.

나는 투자할 때도 김이나의 방식을 적용해볼 수 있다고 생각한다. 하루 이틀 짧은 시간 보유할 기업이 아니라면, 당신과 주파수가 맞는 기업을 선택하는 것이 좋다. 자신이 믿는 제품과 서비스를 만드는 회사여야 하고, 그 회사의 열혈 팬이라면 더 의미 있다.

나의 삶과 투자는 애플을 중심에 두고 돌아간다. 아이폰, 맥북, 아이패드, 아이팟 등 온종일 애플 제품을 끼고 산다. 전자 기기의 미묘한 스펙 차이를 알지는 못하지만, 애플의 감각적인 디자인과 감촉이 좋다. 특히 2009년, 스마트폰이 확산되기 전 아이폰 3GS를 처음 경험하며 느낀 경이로움을 잊지 못한다.

'덕질'의 기본이 되는 감정은 '사랑'이다. 사랑이라는 감정을 담을 수 있는 기업과는 주파수를 맞추고 동행할 수 있다. 그래서 나는 투자 기업을 선택할 때 사랑을 중시하는 편이다. 사랑 없는 주식을 투자하는 경우 20~30퍼센트 정도의 가벼운 하락장에도 당장 계좌에서 팔아버리고 싶어진다. 주가가 상승하면 내가 잘한 거고, 주가가 하락하면 기업이 못나서가 된다.

그래서 무한 팬심으로 사랑의 덕질을 할 수 있는지 아닌지를 신중하게 살핀 뒤 만약 그럴 수 없는 기업이라면 그 기업의 주식은 팔아버린다. 아니, 애초에 사지 않는다.

하지만 지극히 사랑하는 기업을 선택하고 투자한다면 이야기는 달라진다. 그때부터는 오롯이 자신의 선택이자 자신의 책임이다. 그런데 만약 그 기업의 주가가 내려간다면 어떨 것 같은가? 장담하건대 주가 몇십 퍼센트 하락을 의심하지 않고 기다릴 수 있을 것이다. 가끔 요동치는 미스터 마켓에 사랑을 시험받는다 한들 충분히 가치가 있다고 믿기 때문이다.

한편 자신이 열광하는 기업에 투자하는 데 비판적인 의견을 내는 이도 있다. 미국의 한 기자는 이렇게 말했다.

"기업과 사랑에 빠지지 않아야 한다. 왜냐면 주식은 누가 자기 주인인 줄 모르며, 누가 자신을 사랑하는지도 모르기 때문이다."

이는 아마도 피터 린치가 남긴 "주식과 사랑에 빠지지 말라"는 말을 응용해서 자기식으로 해석한 것 같다. 이런 주장을 하는 이들이 하나같이 입에 거품을 물고 하는 말이 있다. "아직 실현하지 않은 장부상의 수익은 의미 없다"는 것이다. 기업과 사랑에 빠지는 걸 반대하는 이들은 주식을 장기간 보유하는 것에 대한 강한 거부감을 내비친다. 그리고 수익이 나면 재빨리 주식을 팔아서 자기 지갑으로 돈을 꽂아놓아야 안심한다. 애초에 그런 불안한 마음이 드는 주식에 왜 투자를 결정했는지 의문이 든다. 성급하게 수익을 실현해내는 것이 얼마나 주식 계좌에 이로울지 나는 잘 모르겠다.

앙드레 코스톨라니는 "우량주를 산 후 수면제를 먹고 수년간 푹 자는 편이 낫다"고 말했다. 이 말인즉슨 수익 실현을 잊은 이들에게 더 큰 보상이 주어진다는 뜻을 내포했다고 생각한다. 또 미국 주식 투자자들을 보면 대체로 그의 말이 잘 맞아떨어지는 듯하다. 그런데도 아직 의심의 눈초리를 거두지 못한 이들 사이에서 '수면제를 먹을지 말지'는 여전히 논쟁 거리다.

짐작해보건대 주식과 사랑에 빠지길 거부하는 마음에는 '이미 만들어진 엄청난 수익을 위험에 빠뜨리지 말고 빨리 수익을 실현하자'라는 의미가 담겨 있다고 생각한다. 큰 투자 수익을 내면 '차익 실현'을 목표로 팔아버리는 경우가 많다. 하지만 이건 그리 좋지 않은 방식이다. 지난 시험에서 1등을 한 우등생이 다음번 시험 성적도 좋을 가능성이 크다.

기업도 마찬가지다. 그러면 장기간 보유하지 않고 빨리 팔아치워야 하는 주식은 어떤 주식일까? 큰 투자 수익을 낸 기업이 아니라 사랑이 식어버린 기업이라야 한다. 물론 투자할 기업을 향한 사랑도 중요하지만, 영원하지 않을 수 있다. 자신을 포함해 대중의 관심이 식은 기업이라면 매도해야 하는 주식 1순위다. 단기간에 관심이 사라질 기업이라면 애초에 시작하지 않는 편이 낫다.

기업과 사랑에 빠질 때 유의해야 할 점이 있다. 혼자만의 사랑에 빠지면 위험하다. 우량주 장기 투자는 취지는 좋지만, 나 혼자만의 우량주면 곤란하다. 결혼이나 연애도 그렇지 않은가? 가족과 친구들 모두가 반대하는 사랑을 하고 있다면, 눈에 콩깍지가 씌었는지 의심해볼 필요가 있다. 투자로 성공한 몇 안 되는 경제학자 존 메이너드 케인스도 이런 점을 지적한 바 있다. "주식에 투자하는 것은 '미인 대회'에서 누가 우승할 것인가를 알아맞추는 것과 같다."

케인스가 말하는 미인 대회는 미스코리아대회 같은 것이 아니다. 그가 이 말을 했을 당시 영국 신문에서 유행하던 것이 있다. 미인들 사진을 신문에 게재하고, 가장 높은 득표를 한 6명의 미인을 맞추는 독자에게 상금을 주는 이벤트였다. 상금을 타기 위해서는 자기가 생각하는 6명의 미인을 선택하면 안 된다. '다른 사람들이 봤을 때' 예쁘다고 생각할 후보를 골라야 한다. 케인스는 이런 미인 대회 이벤트에 주식 투자를 비유한 것이다.

케인스의 말에는 시사점이 있다. 주식 종목을 선택할 때 미인 대회처럼 대중의 취향을 고려해야 한다는 점이다. 특정 기업을 좋아한다고 해서 덜컥 투자를 감행하기보다는 자신이 투자하려는 기업이 대중과 주파수를 맞추고 있는지 고려해야 한다. 대중과 주파수를 맞추지 못하는 기업은 승산이 없다. 다시 말해 당신과도 주파수가 안 맞을 수 있다. 따라서 투자할 때는 동시대를 살아가는 사람들의 보편적인 선호도를 고려해서 대중과도 주파수가 잘 맞는 기업을 선택해야 한다. 잘못하면 자기 눈에만 사랑스러운, 자기 혼자만의 우량주를 선택할 수 있으니 말이다.

나 혼자만의 우량주인지 아닌지를 판별하는 잣대는 무엇일까? 나의 경우 세계 시가 총액 순위를 활용하고 있다. 세계 시가 총액 최상위권 기업이라면 대중의 끌림이 있는 제품과 서비스를 만드는 기업일 것이다. 그런 이유로 나는 시가 총액 최상위권 기업 중에서 장기간 성장을 함께 도모하고 싶은 기업을 사랑하기로 했다.

나와 동시대인들의 주파수에 맞는 기업을 찾기 위해서는 자신의 안테나를 정비해야 한다. 안테나가 불량이면 사소한 잡음에도 반응하게 된다. 안테나가 제 기능을 못 하면 애매한 기업 주식을 사게 된다. 그렇게 선택한 주식은 조금만 바람이 불어도 내던지고 싶어진다. 안테나를 바로 세우고, 자신과 주파수가 맞는 기업을 선택해보자. 이는 재무제표를 보는 일보다 훨씬 쉽고 편하다. 그리고 이와 같은 기업 선정은 당신에게 마음 편한 기다림을 선사한다.

5
성공 투자를 가로막는 감정 기억

남녀불문하고 나이가 들수록 연애가 어렵다고 말한다. 이론적으로 생각하면 나이가 드는 만큼 연애 경험이 많아지므로 연애를 더 잘해야 하는 게 맞다. 그런데 연애 경험치는 실제 연애와는 전혀 상관이 없는 듯하다. 나이가 들수록 연애가 어려워지는 이유는 여러 가지를 들 수 있다. 예를 들면 사랑만 있으면 충분했던 젊은 시절과는 달리 나이가 듦에 따라 좋고 싫음의 취향이 분명해지는 만큼 연애 상대를 고를 때 따지는 게 많아지거나, 젊었을 때보다 행동반경이 좁아져 새로운 인연을 만날 기회가 줄기 때문일지도 모른다. 또 지금 연애하면 결혼을 해야 한다는 심리적 압박도 있을 수 있다.

이것들을 종합해보건대 나이가 들수록 연애가 어려워지는 이유는 경험치가 부족해서가 아니라 경험에서 비롯된 감정이 크게 작용하는 것 같다. 이를 '감정 기억'이라고 하는데, 인간은 경험한 기억을 바탕으로 어떤 사건에 대한 자극을 평가한다고 한다. 다시 말해 어떤 새로운 경험이든 과거의 유사한 경험에 대한 기억과 그때 느꼈던 감정을 떠올리며 결과를 예측하고 상황을 해석한다.

감정 기억을 심리학에서는 '정서적 기억 emotional memory'이라고 한다. 정서적 기억은 기쁨, 슬픔, 고통, 행복감, 분노 등 감정 등과 연관된 기억을 뜻하는데, 이런 기억은 뇌리에 단단히 자리 잡는다. 문제는 이 정서적 기억이 연애만 방해하는 게 아니고 성공적 투자를 방해하곤 한다. 그만큼 과거의 투자 경험을 강렬하게 인지했다는 것인데, 대표적으로 '두려움'과 '지나친 과신'이라는 두 가지 정서적 기억으로 자리매김한다.

첫 번째 정서적 기억인 투자의 두려움은 '남자(여자)들은 다 그래' 같은 성격을 띠는데, 특정 투자는 무조건 틀렸다는 사고방식이다. 예를 들면 이런 것들이다.

"국내 주식 하다가 지난번에 크게 잃었어. 다시는 국장 안 들어가."
"아버지가 주식 투자로 전 재산 날리다시피 해서 우리 가족이 너무 힘들었어. 난 절대로 주식 안 해." "우량주 투자가 좋다고? 말도 안 되는 소리 하지 마. GE(제너럴 일렉트릭)는 과거에 세계 1등 기업이었지만 지금은 죽 쑤고 있잖아."

그러나 세상에는 무조건 틀린 것은 없다. 사실 투자에서 중요한 부분은 투자의 조건 설정이다. 어떤 조건에서는 맞을 수 있으므로 특정 부분을 무조건 틀렸다고 몰아가면 투자에 이롭지 않다.

과거의 특정 기억에 얽매이다 보면 강한 편견에 사로잡히게 된다. 이런 편견이 심해지면 좋은 기회가 문을 두드렸을 때 두려움이 앞서 문을 열어주지 않게 되고, 굳게 닫힌 문은 성공적 투자 기회에 곁을 내주지 않는다. 이른바 우물 안 개구리가 되고 마는 것이다.

두 번째 정서적 기억인 투자의 지나친 과신은 '나를 여신(의자왕)으로 받들어라'와 같은 성격을 띤다. 자신을 투자 천재로 인식하는 것이다. 그러나 상승장에 무리수를 둔 종목 선정으로 한순간 큰 부를 일궜다고 해서 자신을 '투자의 신'이라고 단정하면 안 된다.

또 투자에서 그동안 성공적으로 이어온 주식 투자가 어쩌면 '운'이었을 가능성을 완전히 배제해서는 안 된다. 지나친 과신은 어느 한순간 모래성처럼 무너져내릴 수 있다. 이것이 늘 겸손해야 하는 이유다. 특정 종목의 약진을 예상하고 반복적으로 사고파는 투자가 성공으로 이어지면 투자자는 쉽사리 자기 과신의 늪에 빠진다. 강렬한 성공에 대한 기억은 같은 행동을 반복하게 한다. '내가 틀릴 수도 있다'는 것을 완전히 잊어버리는데, 이는 자멸의 전조 증상이다.

우리는 세상을 바라볼 때 기억으로 채색된 안경을 쓰고 바라본다. 주식시장을 바라볼 때도 마찬가지다. 과거의 좋았던 기억 혹은 나빴던 기억 등 각자의 경험으로 덧칠해진 안경을 쓴 채로 투자시장을 바라본다. 그래서 주식시장이나 주식 지표는 동일한데 보는 사람에 따라 해석이 달라지기도 하고 자기 경험을 기준으로 왜곡해서 보기도 한다.

색안경을 쓰고 세상을 바라보는 것의 대표 격은 단연 정치다. 당연한 말이겠지만, 특정 정당이 항상 옳지도 않고 그렇다고 항상 틀리지도 않는다. 저마다 장단점이 존재한다. 그런데도 사람들은 자신이 좀 더 옳다고 생각하는 기준을 통해 특정 정당을 옳다고 치켜세우거나 무조건 반대한다. 지나친 정치적 편향은 이처럼 이성적인 생각의 통로를 닫아버리기도 한다.

그렇다면 감정 기억과 강한 편견에 사로잡혀 계좌를 잠식당하지 않으려면 어떻게 해야 할까? 내가 제안하고 싶은 방법은 '반대를 위한 반대'다.

한때 박스오피스를 들썩이게 한 〈월드 워 Z〉라는 영화가 있었다. 여느 좀비 영화처럼 정체불명 바이러스로 인해 온 세상은 좀비로 들끓었다. 그런데 유일하게 이스라엘만큼은 좀비로부터 안전했다. 유엔 조사관인 주인공은 문제 해결의 실마리를 찾기 위해 이스라엘로 갔다. 주인공은 "어째서 당신들 나라만 안전합니까" 하고 물었다. 그러자 이스라엘 지도자가 대답했다.

"우리에게는 열 번째 사람 The Tenth Man이 있습니다."

중대 시안을 결정하는 10인 회의에서 실사 9명이 동일한 결론을 내려도 마지막 열 번째 사람은 의무적으로 반대 의견을 제시해야 한다. 그들은 만장일치의 위험성을 없애기 위해 '반대를 위한 반대' 제도를 둔 것이다.

가톨릭교회에도 이와 비슷한 제도가 있다. '악마의 대변인'이라는 제도다. 한 인물을 성인으로 정할 때, 악마의 대변인은 그 인물을 비판하는 역할을 맡는다. 보수적이고 엄숙한 집단에서는 반대 의견이 나오기 어려우므로 이런 제도를 통해 보완하는 것이다.

감정 기억에서 비롯된 편견에 사로잡혀 비효율적인 결론에 도달하지 않기 위해서는 내 안의 '열 번째 사람'을 깨워야 한다. 나를 지배하고 있는 생각의 틀에 반대 의견을 제시해보는 것이다. 이는 정반합의 변증법적 사고방식과도 일맥상통한다. 변증법은 정명제 thesis, 반명제 antithesis를 사용해서 합명제 synthesis를 끌어내는 논리적 사고다. 이 과정에서 의사 결정의 질적 향상을 도모할 수 있다. 우리가 아는 대부분의 토론은 이 변증법에 따라 전개된다.

자신의 투자 결정에서도 이 변증법적 사고가 일어나야 한다. 이런 사고의 과정을 거쳐서 자신이 가장 편안하게 느낄 수 있는 방향을 찾아가야 한다. 단 하나의 의견에 사로잡히는 투자 결정은 훗날 후회를

야기한다.

그 대표적인 예로 2015년경 부동산 하락론을 꼽을 수 있다. 사람들은 연이은 부동산 하락론에 지나치게 심취해 지금 집을 사면 집값이 무조건 내려가서 손해라고 생각했다. 하락론 혹은 상승론에만 사로잡히면 그 외의 가능성은 잘 보이지 않는다.

그러나 예측하지 못한 일이 일어나는 게 세상의 이치다. 그러므로 자신과 대척점에 있는 의견일지라도 기꺼이 받아들일 준비가 되어 있어야 한다. 내가 가진 의견(정명제)과 나의 대척점에 있는 의견(반명제)이 어우러진다면 최적의 의사 결정(합명제)을 끌어낼 수 있다.

우리의 삶이 감정 기억과 편견에서 완전히 자유로울 수 없듯이, 투자 역시 마찬가지다. 행여 당신의 투자가 현재 꽉 막혀 있다면 정반대의 의견에 귀를 기울여보면 어떨까?

6

무의식을 바꿔야 투자가 바뀐다

　반복적으로 실패를 거듭하는 사람들에게 자기 계발서는 다양한 방법을 제안한다. 예를 들면 감사하다는 말을 하루에 2만 번 외쳐라, 100번 쓰기를 100일간 하라, 생생하게 시각화하여 상상하고 꿈이 이루어진 것처럼 행동하라, 종이 위에 원하는 목표와 달성 기한을 적어라, 한 가지 일에 지독하게 몰입해라 등과 같다. 이와 비슷하게 종교에서는 기도하라, 108배를 하라, 명상하라, 타인에게 자비를 베풀라 등과 같은 방법을 제안한다.

　나는 108배를 제외한, 자기 계발서와 종교에서 말하는 모든 것을 해봤다. 결론부터 말하면 효과가 있었다. 자기 계발서와 종교는 제각기 다른 활동을 제안하지만, 본질은 하나다. 바로 '무의식의 정화'다.

의식과 무의식을 종종 빙산에 비유한다. 그 비유에 따르면, 바다 위에 노출된 빙산의 일각을 '의식'이라고 한다면 수면 아래 존재하는 거대한 빙산의 본체가 바로 '무의식'이다. 의식의 구조를 빙산 이미지에 비유해 구분한 사람은 지크문트 프로이트였다. 인간의 마음 깊은 부분을 연구하는 데 일생을 바친 프로이트는 성격을 포함한 인간 행동의 많은 부분이 무의식에 의해 결정된다고 보았다. 의식에서 억압된 거북하고 불편하고 고통스러운 모든 것을 무의식에 저장하는데, 이 무의식이 인간을 움직이는 에너지원이 된다고 주장했다.

1983년 미국 캘리포니아대학의 심리학과 교수 벤저민 리벳은 의식적 의도와 뇌 활동 간의 관련성을 알아보는 실험을 했다. 리벳은 6명의 피험자를 대상으로 머리에 뇌파 기계를 장착하고 결정을 내리는 순간의 뇌파 흐름을 측정했다. 그 결과 결정을 내리기 위해 손을 자발적으로 움직이기에 앞서 뇌 활동이 약 1초 빠르게 움직이는 것이 관찰되었다. 즉 뇌파의 변동이 먼저 발생했고, 그 후에 피험자들이 손을 움직인 것이다. 피험자들은 자기 의지로 손을 움직였다고 생각했을 것이다.

그러나 실험 결과를 토대로 보면, 뇌에 영향을 미치는 어떤 자기장이 결정을 주관한 것으로 보인다. 이 실험을 통해 리벳은 인간의 행동은 물론 그 행동을 하고자 하는 의식적 의도도 그에 선행하는 무의식적 뇌 활동에서 비롯된다고 해석했다. 요약하자면 행동하려는 의지가 무의식적으로 나타나는 것은 의식적 통제가 불가능하다. 오로지 동작의 마지막 단계에서만 의식의 통제를 받는다는 것이다.

무의식의 영향을 보여주는 또 하나의 실험이 있다. 이 실험은 무의식이 미치는 소비자의 행동이나 구매 패턴을 알아보는 무의식 마케팅에 관한 것으로, 커튼대학의 심리학과 교수 아드리안 노스와 그 연구진은 슈퍼마켓에서 흘러나오는 음악이 소비자들의 와인 선택에 어떤 영향을 미치는지 알아보았다. 놀랍게도 소비자들은 매장에 프랑스 음악을 틀어두면 프랑스산 와인을 더 많이 구매했고, 독일 음악을 틀어두면 독일산 와인을 더 많이 구매하는 것으로 나타났다. 신기한 것은 소비자들은 자신의 와인 선택이 음악에 영향을 받았다는 사실을 전혀 자각하지 못했다. 즉 사람들은 무의식적으로 음악과 맞는 와인을 선택한 것이다. 이것이 바로 무의식의 영향이다.

이처럼 무의식은 인간의 삶은 물론 투자에도 지대한 영향을 미친다. 앞서 언급한 실험 결과를 통해 알 수 있듯이, 인간의 행동은 무의식이 촉발한 뇌파의 명령에 이끌린다. 말하자면 투자든 뭐든 반복적으로 실패한다는 것은 반복적으로 실패의 원인이 되는 행동을 하고 있다는 뜻이기도 하다.

정신분석가 정도언의 말에 따르면, "무의식은 쾌락 원칙에 의해 작동한다. 소망이나 욕구를 금방 충족시키기 위한 방향으로 움직인다는 뜻이다. 내일이 되면 분명히 손해라고 생각할 일도 오늘 당장 욕망을 채우기 위해 덤벼든다."

무의식의 에너지는 숨어서 기회를 엿보다가 불쑥불쑥 튀어나온다. 무의식에 이끌려 충동적으로 행동했다가 곧 후회하는 것이다. 프로이트의 제자 카를 구스타프 융은 "무의식을 의식화하지 않으면 무의식이 우리 사람의 방향을 결정하게 되는데, 우리는 바로 이런 것을 두고 운명이라고 부른다"라며 무의식 충동을 막는 방법을 제시했다.

융의 말은 두 가지를 암시한다. 첫 번째는 무의식 차원의 수준이 상당히 높아서 그냥 막살아도 인생이 성공적으로 가는 것이다. 공자가 "일흔이 되어서는 무엇이든 하고 싶은 대로 하여도 법도에 어긋나지 않았다七十而從心所欲 不踰矩"라고 말한 바로 그 수준이다. 이 정도 수준에 오르기 위한 일환으로 앞서 말한 자기 계발서와 종교에서 제안하는 방법들이 있다.

두 번째는 '무의식을 의식화'하는 것이다. 즉 무의식을 의식적 차원으로 끌어내서 좋은 방향으로 길을 터주는 것이다. 자신에 대한 글쓰기, 말로 표현하기, 정신 분석 상담 받기 등 다양한 방법이 있는데, 이런 방식들은 시간이 너무 오래 걸린다는 단점이 있다.

미국의 작가 제리 힉스와 에스더 힉스 부부는 무의식을 즉각적으로 의식화하는 방법을 제시한 바 있다. '시간 마디별 의도하기' 방법이다. 이 방법의 핵심은 인생을 쉽고 즐거운 여정으로 만들기 위해

'미리 길을 내는 것'이다. 무의식적인 반응에 끌려다니다 보면, 삶은 점점 더 의도치 않은 일들로 가득해지고 피곤해진다. 무슨 일에서건 자신의 의도를 먼저 정하고 잠깐 생각의 길을 내주자. 그런 다음 행동하는 습관을 지녀보자. 어려울 것 같다고? 사실 알아차리지 못할 뿐, 우리는 이미 그렇게 하고 있다. 책장을 넘기는 지금 이 순간에도 자신의 미래를 위한 길을 내고 있다.

나는 '무의식을 의식화'하는 방법을 투자에 적용해보길 추천한다. 먼저 투자할 때 본능적으로 손가락을 움직이기 전에 잠시 멈춘다. 그리고 자신의 투자 원칙을 되새겨 다시 한번 마음가짐을 분명히 한다. 그렇게 생각에 길을 터주고 나서 손가락을 움직인다.

우량주 장기 투자를 지향하는 나는 가끔 제멋대로인 손가락을 의식적으로 통제하기 위해 다음과 같이 선언한다.

"이 투자는 내가 장기적으로 마음 편하게 유지할 방법이 될 거야. 비록 단기간 5배, 10배 먹는 그런 방식은 아니겠지. 그래도 5년 뒤, 10년 뒤 나에게 든든한 자산이 되어줄 거라고 믿어. 이 기업이 잠시 잠깐 힘든 시기도 있겠지. 간혹 제품의 치명적 결함이 발견돼서 주가가 일시에 폭락할 수도 있을 거야. 나는 그런 시간이라도 이 기업과 함께라면 괜찮을 것 같아. 이 기업과 함께하는 동안에 나는 든든하고 기분이 좋을 것 같아."

이렇게 자신과의 대화를 마치고 나서 깊숙이 심호흡하고 행동에 옮긴다. 물론 가끔은 호르몬의 노예가 되어 폭주하는 자아를 주체할 수 없을 때도 있다. 그래도 미약하게나마 남아 있는 정신으로 최대한 의식적으로 통제하며 투자하고 있다. 나라고 단기간 만에 5배, 10배 되는 투자가 눈앞에 보였을 때 왜 혹하지 않겠는가? 본능적이고 무의식적인 내 자아는 그런 자극적인 것에 꽤 끌린다. 하지만 화끈한 투자에 끌리는 본능을 억누르는 편을 택했다. 왜냐하면 나의 본능, 아니 인류의 본능은 주식 투자에 썩 재능이 없기 때문이다.

"똑같은 일을 반복하면서 다른 결과를 기대하는 것은 미친 일이다." 아인슈타인이 남긴 유명한 말이다. 혹시 투자 실패를 반복하고 있다면, 그 실패에 마침표를 찍고 싶다면, 무의식에 내맡기지 말고 자기 생각과 행동을 의식화해보자. 앞서 제시된 무의식 개선 방법을 실행해보자. 하려는 의지만 있다면 돈이 드는 것도 아니고 지금 바로 할 수 있다. 무의식을 정화한다는 마음가짐이면 좋겠다. 한 가지 주의점이라면 '이렇게 해서 안 이뤄지기만 해봐' 하는 마음이다. 반복되는 실패의 단서는 무의식 안에 있다.

7
하락장 속 멘탈 관리법

2022년, 테슬라 주가가 폭락했다. 고점 414달러를 찍고, 1년도 안 되어 122달러까지 곤두박질쳤다. 고점 대비 70퍼센트 가까이 하락한 셈이다. 한 장 가까이 들어간 내 투자금은 반토막 났다. 직장인의 연봉과 맞먹는 돈이 주식시장에서 증발해버린 것이다. 더 큰 난관은 이 하락이 끝이 아닐 수 있다는 점이었다.

테슬라 주가 폭락의 가장 큰 원인은 CEO 일론 머스크의 지분 매각이었다. 트위터 인수 후 경영난을 타개하기 위해 그는 주식시장에 자신의 주식 지분을 내던졌다. 사실 그가 정신 바짝 차리고 테슬라 경영에 집중했다면 발생하지 않았을 문제다.

하지만 그를 탓해봐야 소용없다. 지금까지의 일론 머스크의 행동 패턴으로 볼 때 그런 안정적인 경영자로서의 모습은 기대하기 어렵다. 투자 전에 CEO 리스크를 몰랐다면 모를까, 어디까지나 이건 투자자인 내가 감당해야 할 문제였다. 그래도 아픈 손가락에 더 마음이 쓰이는 것은 어쩔 수 없다. 많은 후회, 자책, 번민, 자기 합리화가 뒤따랐다. '그때 주식을 좀 팔았어야 했나? 아니야. 주가 버블은 누구도 알 수 없는 거라서 그때 내 결정은 틀리지 않았어. 나는 투자를 하는 거지, 거래하려는 목적은 아니었잖아.' '그래도 너무 고점에 매수했던 건 실책 아닐까? 아니야. 그게 고점인지 아닌지는 지나고 나서 아는 거잖아. 오래 보유하면 매수 시점 문제는 희석되는 거야.'

꼬리에 꼬리를 문 생각은 차츰 매수 시기에 대한 합리적 판단으로 이어졌다. 테슬라라는 기업의 시장 경쟁력, 실질적 이윤 창출 능력, 기술력 등을 고려하면 여전히 위대한 기업이라고 판단했고, 여기서 투자를 중단하고 싶지는 않았다. 무엇보다 다시 비슷한 상황에 놓여도 같은 선택을 할 것 같았다. 단 앞으로도 CEO로 인한 주가 변동성은 각오해야 할 것 같다. 이런 상황에서도 그나마 위안이 되는 것은 투자 비중이 가장 큰 애플 주식이 엄청난 하락장에서도 잘 버텨주고 있다는 사실이었다.

나의 주요 보유 종목인 애플이 하락장에서 선방하고 있다고 해도 마냥 안심할 수는 없다. 전 미국 대통령인 로널드 레이건은 "불황은 내 이웃이 일자리를 잃는 것이고, 공황은 내 직장이 없어지는 것이다"라고 말했다. 즉 불황은 나를 피해 갈지 모르지만, 공황은 모두에게 공평하다는 뼈 있는 말이다. 공황은 부자든 빈자든 중산층이든 자본가든 가리지 않고 부숴버린다. 하락장이 가장 심각한 국면에 접어들면 아무리 괜찮은 기업 주식이라고 해도 폭락을 피해 가기 어려울 것이다.

모든 기업 주가가 초토화된 뒤 하락이 마무리되는 것이 지난 금융 위기의 수순이었다. 물론 2022년 한 해의 하락장이 금융 위기로까지 이어질 가능성은 희박하지만, 항상 최악을 생각하는 마음가짐은 주식 투자를 하는 사람들에게 꼭 필요하다. 위기 상황에 놓일 때면 나는 반드시 주식시장의 역사와 이에 대한 경제학적인 해석을 살펴본다. 이는 이성을 되찾는 데 큰 도움이 된다.

먼저 2022년의 폭락장에서 '닷컴 버블(기술주 폭등 후 폭락)'을 떠올렸다. 2000년 3월부터 시작된 버블 붕괴는 2002년 10월까지 이어졌다. 이 사건으로 나스닥 종합 주가 지수는 78퍼센트 가까이 하락했다. 닷컴 버블 당시 IT 기술주의 대표 주자 마이크로소프트도 이 쓰나미를 피해 가지 못하고 주가는 80퍼센트 이상 하락했다. 전고점을 회복하기까지 무려 17년이라는 시간이 걸렸다. 마이크로소프트는 그나마 상황이 괜찮은 편이었다. 시장에서 퇴출당하지 않았으니 말이다. 이름 모를 수많은 신생 기술주는 그 시기에 자취를 감췄다. 그 당시 살아남은 기업은 마이크로소프트를 포함해서 아마존, 시스코, 퀄컴 등인데, 이들은 이 위기를 딛고 훗날 거대한 성장을 일궜다.

2022년은 기술주 수난 시대였다. 최악의 기술주 폭락인 2000년대 닷컴 버블에 대비해서 보자면, 아직 더 큰 폭락이 남아 있는지도 모른다. 역사적인 폭락장이 펼쳐지면 투자자가 극심하게 고생하는 기간은 보통 2년이다. 2년을 잘 견뎌냈다면 일단 험난한 주식시장에서 살아남은 것이다. 물론 2년 뒤 갑자기 팡파르가 울려 퍼지며 '고생 끝 행복 시작'이 펼쳐지지는 않는다. 주식시장은 아무것도 약속해주지 않는다.

2000년대 초반의 닷컴 버블은 금융 위기나 불황, 공황 등과는 성격이 달랐다. 당시 기술주에 대한 과도한 낙관론이 지배하고 있었는데, 그 거품이 꺼진 것이었다. 자산 가격 버블은 낮은 금리로 돈을 빌려서 투자하는 '신용 과열'에 의해 가속화된다. 대출이 늘어나면 누군가는 그 대출로 자산을 매입하는데, 이 때문에 자산 가격이 크게 상승한다. 자산 가격의 버블과 붕괴로 끝나면 '금융 위기'라고 부르지 않는다. 정말 심각한 위기에서는 대형 은행 및 금융사의 도산이 이어진다. 닷컴 버블은 그 단계로 진입하지 않았다.

2022년 하락장에서도 닷컴 버블 때와 마찬가지로 자산 가격의 버블은 빠르게 수축했지만, 대형 은행이나 금융사의 도산 가능성은 낮다. 하락장 속에서 과민 반응하게 되면 이성적 사고가 어려워 주가 하락을 '대공황'이나 '금융 위기'처럼 과장해서 해석할 우려가 크다. 따라서 폭락장에서 챙겨야 할 것은 이성만이 아니다. 날뛰는 감정을 잠재우는 것이 더 급선무인지도 모른다.

주가가 크게 하락하면 급하게 행동하는 경우가 많은데, 그보다 먼저 불안을 잠재워야 한다. 마음이 불안한 상태에서는 투자의 중요한 의사 결정을 내려서는 안 된다. 급하게 투자에 대한 의사 결정을 내려야 하는 때는 없다. 급한 마음이 드는 상황이면 이미 늦었다고 생각하는 편이 더 낫다. 참고 참다가 최악의 상황에 이르러서 매도하는 경우에는 '내가 팔면 오른다'는 불문율을 경험하게 된다.

불안한 감정을 잠재우는 방법 한 가지를 소개한다. 투자하다 암담한 상황에 직면했을 때, 내게는 마법의 주문이 하나 있다. 양팔을 교차해서 어깨를 토닥이며 '괜찮아, 괜찮아' 하고 스스로를 위로하는 것이다. 그런데 이게 의외로 효과적이다.

비록 10초라는 짧은 시간이지만, 나를 엄습한 불안한 감정은 금세 사그라든다. 나의 투자 인생에서 가장 힘들었던 시기는 비트코인에 투자해서 손실액이 1억 원에 가까워졌을 때였다. 당시 극도의 불안감에 휩싸였다. 이때 나는 몇 번이고 자신에게 '괜찮다'는 말을 건네주었다. 그러자 차츰 마음이 편안해졌고, 마음이 편안해지자 이성적 사고가 돌아왔다. 평정심을 되찾은 나는 투자 포트폴리오를 다시 점검했고 폭락장에 매도하지 않는 것으로 결정했다. 얼마 뒤 혼돈의 시기가 지나고 모든 것이 제자리를 되찾았다. 그 과정에서 소요된 시간은 2년 6개월여였다.

　미국의 경제 기자 모건 하우절의 말처럼 투자하기 위해서는 "성공의 대가가 무엇인지 파악하고, 그 대가를 지불해야 한다. 성공의 대가는 기나긴 성장 도중에 발생하는 변동성과 손실이다." 투자하다 보면 대가를 지불해야 하는 순간을 피해 갈 수 없다. 이때 불안한 감정에만 매몰되면 이성적 판단력을 상실한다. 그렇게 되면 결과는 뻔하다.

　하락장 속에서 이성과 감성을 제어하는 데 걸리는 시간은 길면 6개월에서 1년 남짓이다. 이 정도 시간이 흐른 뒤에는 다시 회복기에 진입할 가능성이 커진다. "나를 죽이지 못하는 고통은 나를 더 강하게 만든다"는 니체의 말처럼, 주식시장이 회복 국면에 접어들 때까지의 한 사이클을 경험한 투자자는 그렇지 않은 투자자보다 한층 더 성장해 있을 것이다.

5장

끝날 때까지
끝난 게 아니다

포기하지 않으면 언제나 희망은 있다

떠나지 않는 자가 결국 승리한다

한 여자가 비디오를 보고 있다. 갑자기 화면이 지지직거리다가 스산한 분위기의 우물가가 나온다. 화면 속 우물이 클로즈업된다. 갑자기 우물 위로 시퍼런 손이 턱 하고 뻗어 나온다. 곧 머리가 헝클어진 소복 입은 여자가 우물 밖으로 기어 나온다. 여자는 화면을 향해 점점 다가오는가 싶더니 TV 밖으로 기어 나오기 시작한다. 여자의 시뻘건 눈이 화면을 가득 채우는 바로 그때, 내 방문이 갑자기 쾅 소리를 내며 닫혔다.

순간 나는 얼어붙었다. 단 0.1초의 비명도 없었다. 그대로 굳었다. 심장이 내려앉는 동시에 잠시 숨도 멎는 듯했다. 소리 지르고 뛰어다니는 것은 아직 살 만하다는 증거였다. 진짜 공포의 순간을 맞닥뜨리면 인간은 '일시 정지'가 되는 것 같다.

단기간 주가가 하락하면 시장에 곡소리가 울려 퍼진다. 주식시장이 끝난 것처럼 푸념하는 이들이 늘어난다. 하락장에 인버스 투자로 '나는 돈을 벌었다'며 약 올리는 사람들도 보인다. 그런데 하락장에서 곡소리조차 나오지 않는 시점이 있다. 어쩌면 이때가 진짜 저점인지도 모른다. 어지간한 투자자는 시장을 탈출하고 없으니 푸념하는 사람도 없다.

국가 부도 분위기를 연출한 역사적 폭락장은 다섯 번 정도 있었다. 1929년 대공황, 1987년 블랙 먼데이, 1997년 IMF 금융 위기(아시아 한정), 2000년 닷컴 버블, 2008년 서브프라임 금융 위기다. 이것들은 흔한 유형의 폭락이 아니었다. 일시적 자금 경색이나 투자 심리 위축 등으로 종종 폭락은 찾아오기 마련이다. 그러나 역사적인 폭락장은 금융시장의 구조적 문제를 동반한다. 이 시기에는 과거에 매장해 두고 잊고 있었던 폭탄이 여기저기서 터진다. 레버리지 폭탄, 매물 폭탄, 기업 줄도산 폭탄 등 얼마나 많은 폭탄이 매장되어 있는지, 언제 어디서 터질지 가늠하기 힘들다. 그래서 이런 위기의 순간이 닥치면 걷잡을 수 없는 폭락장이 연출되고, 주식시장 참여자들의 플레이는 일시 정지 순간을 맞이한다.

다섯 번의 역사적 폭락장의 여파 때문인지, 주식시장에 약간의 조정장만 와도 온 세상이 '그때'와의 유사점을 찾아 설명한다. 이런 호들갑스러운 태도와는 거리를 두는 게 좋다. 조금만 상승해도 금세 사그라들기 때문이다.

폭락장을 대비해 투자자가 해야 할 일은 폭락장을 대하는 마음의 준비다. 어떤 마음의 준비가 필요한지 두 가지를 소개한다.

1. 인내심을 갖는다.

주식 투자자들은 대체로 인내심이 부족하다. 이는 좋게 보면 시장의 윤활유 역할을 하고, 나쁘게 보면 버블과 폭락의 원인이 된다. 시장은 단기간에 10~20퍼센트 하락할 수도 있고, 더 큰 폭락이 찾아올 수도 있다. 하지만 금융시장의 역사는 늘 이렇게 말한다.

"시장은 얼마간 지나서 안정을 찾을 테고, 다시 최고점을 갱신하며 성장해갈 것이다. 5년이나 10년 뒤의 미래에 살펴보면 지금은 꽤 저점이다."

이 말인즉슨 결국 시간이 흐르면 해결될 문제라는 뜻이 된다. 그런데도 아무래도 시장이 전해주는 폭락장의 교훈을 매번 잊어버리는 듯하다. 조정장에 지나치게 반응해 조급한 단기 대응을 일삼는 투자자들에게 피터 린치는 다음과 같이 지적했다.

"지금 이 투자금이 1년 이내 필요한 돈인가? 2년, 3년 내에 필요한 돈인가? 수십 년씩 장기 투자를 하면 돈을 잃기가 더 어렵다. 그런데 만약 당신이 1, 2년 내로 그 돈이 필요하다면, 그 돈으로 주식 투자를 하면 안 된다."

단언컨대 주식 투자를 성공적으로 이어가는 중요한 기술은 열정보다 인내다. 열정을 가지고 치열하게 해야 할 일은 일, 공부 그리고 삶이지 주식 투자가 아니다. "만약 당신이 투자가 재밌다고 여긴다면 당신은 아마도 돈을 전혀 벌지 못할 것이다. 좋은 투자는 지루하다"라는 조지 소로스의 말처럼, 인내만큼 주식 투자에 필요한 것은 없다.

2. 폭락장에 매수하면 성공 가능성이 높다.

떨어지는 칼날은 아무나 잡는 것이 아니다. 잘못 잡으면 피가 철철 나는 무서운 상황이 벌어질 수 있다. 더구나 다치기라도 하면 상처는 쉽게 아물지 않는다. 간 큰 사람이 아니고서야 아무나 할 수 있는 일이 아니다. 주식시장에서는 어떨까? 경제가 무너지고 연쇄적으로 기업이 도산하는 상황에서 주식을 매수하는 간 큰 사람이 있을까? 있다면 과연 몇이나 될까?

일시적으로 투자 심리가 무너졌거나 훗날 경기 침체가 예상되는 상황이라면 야금야금 주식을 모아가는 사람이 있을 것이다. 그러나 'Too Big to Fail(대마불사)'였던 기업조차 연쇄 도산하는 시기는 상황이 다르다. 파국의 끝을 알 수 없을 때 주식 매수세는 자취를 감춘다. 2008년의 미국 주식시장이 그랬다. 미국은 곧 망하고, 러시아가 새로운 강자로 부상할 것이라는 전문가 의견도 있었다. 이런 최악의 상황 속에서 단 한 사람 돌발 행동을 하는 이가 있었다. 아무도 나서지 않고 숨죽이던 그때, 그는 공격적인 매수를 시작했다. 떨어지는 칼날을 잡기 위해 과감히 손을 내민 그는 다름 아닌 워런 버핏이었다.

지나 보면 안다. 폭락장에 입은 상처는 훗날 명예의 훈장으로 남는다는 것을. 하지만 투자자들은 늘 그래왔듯이 또 잊는다. 그러다가 끝간 데 없는 폭락장이 닥치면 시장을 떠난다. 행여 남아 있더라도 현금이 없다. 폭락장 직전에는 반드시 폭등장이 있는데, 그때는 이미 현금을 다 써버렸기 때문이다.

폭락장을 맞이했다고 모든 것이 다 끝난 것처럼 비관하지 말자. 만약 세계 최고의 우량주를 지니고 있다면, 당신에게 필요한 건 오직 인내뿐이다. 장담하건대 조급한 대응은 투자에서 더 나은 결과를 안겨주지 않는다. 폭락장에 잠시 시장을 피했다가 반등장에 올라타고 싶은 마음이야 굴뚝같겠지만, 주식시장은 그런 틈을 주지 않는다.

대개 주식시장의 깊은 침체 후 반등은 V자 곡선을 그린다. 경제가 이렇게 심각한데 반등이라니, 말도 안 된다고 생각할 수 있다. 투자자들은 경기 침체가 바닥을 찍은 상황에서 주가는 다시 크게 떨어질 거라고 예상한다. 그러나 경제의 선행 변수 성격을 띠는 주식시장에서

강세장은 경기 침체가 바닥을 찍기 수개월 전에 이미 시작되었다는 사실을 명심해야 한다. 지금은 최악이지만 조금씩 나아지지 않을까 하는 작은 기대 심리만으로도 주가는 폭등할 수 있다. 아쉽게도 기나긴 폭락장을 견디지 못하고 떠나간 투자자들은 이 역사적 수준의 반등을 누리지 못할 것이다.

폭락장이 왔다고 지레 겁먹고 주식시장을 떠나지 말자. 세상의 종말을 외치는 사람들의 이야기에 지나치게 함몰되지 말자. 지금 당장 고통스럽더라도 인내심을 가지고 기다리자. 주식시장은 언제 그랬냐는 듯 제자리를 찾을 것이다.

2014년, 92세의 나이로 사망한 로널드 리드라는 사람이 있다. 그는 무려 800만 달러(약 90억 원)의 자산을 사회에 기부했다. 살아생전 그의 삶은 평범했다. 사업가도 아니었고 자산가도 아니었다. 평생을 주유소 종업원을 일하다 말년에 잠시 백화점에서 잡부로 일했다. 다시 말해 그는 박봉의 급여 생활자였다.

사망 당시 그의 재산은 2007년식 도요타와 작은 집 그리고 은행 금고에 있던 15센티미터 두께의 주식 증서가 전부였다. 도대체 얼마나 대단한 주식에 투자했기에 800만 달러의 자산을 일궜을까? 그가 투자한 주식 기업은 존슨앤드존슨, P&G, 제너럴일렉트릭^{GE}, JP모건, 다우케미컬 등을 포함한 95개 종목이었다. 그중에는 2008년 파산한

리먼브라더스 주식도 있었다. 주식 선택 방식에 그다지 특이점은 없었다. 단지 그는 우량주에 투자했을 뿐이었다. 차별점이라면 주식 거래자가 아닌 주식 보유자라는 관점으로 주식을 골랐다는 점이다.

이 이야기를 듣고 사람들은 지금은 그때와 상황이 다르지 않으냐, 그 사람이 운이 좋았던 것은 아니냐고 묻는다. 그러면 오히려 나는 이렇게 되묻고 싶다.

"그 사람은 되지만, 나는 안 된다고 생각하는 이유는 뭘까요?"

2

당신 안의 내비게이션을 따라가라

나는 남편 몸 군데군데 붙어 있는 자석이 못마땅했다. 평소 이성적이고 냉철한 남편이 대체 의학을 믿는다는 게 낯설게 느껴졌다. 게다가 자석으로 통증을 완화시킨다는 게 말이 되나 싶었다. 하루는 남편 등에 자석을 붙여주다가 엊그제부터 발등이 뻐근하던 게 생각나 별 기대 없이 자석 스티커를 발등에 붙여보았다. 그런데 놀랍게도 붙이자마자 뻐근한 느낌이 가시는 듯했다.

"이거 뭐지? 나 발등 아팠던 게 벌써 괜찮아졌어. 진짜 신기하다." 내가 감탄사를 연발하자 남편은 어이없는 표정을 지었다. "자석을 붙이자마자 나아진다니, 무슨 말도 안 되는 소리야! 장난치지 마." 사실

어이없기는 나도 마찬가지였다.

늘 만성 소화불량을 달고 사는 나는 효과가 있을까 싶어 윗배와 명치 부근에도 자석을 붙여봤다. 역시 1시간 안에 효과가 나타났다. 이것이 플라시보 효과든 뭐든, 자석을 붙이자 나는 분명히 좋아졌다. 이 경험을 의사에게 말한 적이 있다. 그러자 의사는 이렇게 말했다.

"우리 몸에 흐르는 혈액의 적혈구도 극성을 가지고 있거든요. 그 자석이 혈류에 조금이나마 영향을 줄 수도 있을 것 같아요. 하지만 의학적으로 명확하게 입증된 것은 아닙니다."

우리가 발을 딛고 사는 지구는 하나의 거대한 자석이다. 그래서 길을 찾을 때 나침반을 활용한다. 그리고 이런 지구에 사는 인간의 신체는 하나의 전도체로, 지구의 자장 속에서 영향을 주고받고 있다. 우리 몸 전체를 순환하는 혈액에는 미약하게나마 극성이 존재한다. 그렇다면 지구를 터전으로 살아가는 인간도 스스로 나침반이 될 수 있지 않을까?

나는 인간의 나침반 역할을 해주는 것이 '기분'이라고 생각한다. 운전할 때 내비게이션을 활용해서 쉽게 목적지에 도착하듯이, 기분은 사람 삶의 내비게이션 역할을 한다. 투자도 마찬가지가 아닐까? 애매하고 텁텁한 기분이 드는 투자라면 자신의 내비게이션과는 다른 곳을 향하고 있을 가능성이 크다. 그러므로 투자도 자신의 편안한 기분을 따라야 한다.

그렇다면 기분은 투자에서 얼마큼 중요할까? 투자 방식은 각기 다르지만, 자신의 내비게이션을 따라 투자를 잘 이어가고 있는 투자자 A, B, C 사례를 들어보자.

> **투자자 A**: 얼마 전에 삼성전자 주식을 샀어요. 그런데 제가 사자마자 주가가 계속해서 떨어지고 있어요. 심장이 요동쳐서 잠을 잘 수가 없어요. 뉴스 보기도 무섭고요. 진짜 미칠 것 같아요. 몇몇 전문가가 말하듯이 시간이 지나면 해결되겠다 싶지만, 당장 죽을 것 같은데 어떻게 해요? 저는 아무래도 주식은 못 할 것 같아요. 이게 사람 사는 건가요? 저에게는 부동산 투자가 더 잘 맞는 것 같아요. 부동산은 시세에 덜 민감해서 장기 투자하기에 안성맞춤이잖아요.

> **투자자 B**: 몇 년 전에 애플 주식을 샀어요. 요즘 애플 주가가 무섭게 내려가고 있지만, 저는 괜찮더라고요. 또 몇 년 지나면 오를 테니까요. 그래서 저는 오히려 주가가 내려가면 좋아요. 질 좋은 주식을 더 저렴한 가격에 살 기회잖아요. 주식 투자는 정말 쉽고 편한 것 같아요. 부동산은 이것저것 신경 쓸 것이 너무 많아서 골치 아팠거든요. 주식 투자는 좋은 것 사서 가만히 기다리기만

하면 되니까 할 만해요. 물론 제 투자에 위험 부담은 있겠죠. 하지만 위험 부담 없는 투자가 세상에 어디 있겠어요?

투자자 C: 저는 확률적으로 우위를 선점하는 투자가 좋아요. 그래서 주식 트레이딩을 선호합니다. 우량주 장기 투자도 뭐 잘만 하면 괜찮겠죠. 하지만 그런 건 제 체질에 잘 맞지 않아요. 지루하기도 하고요. 저는 트레이딩을 할 때 욕심부리지 않아요. 100번의 게임 중에서 51번 이상 이기는 것이 제 목표예요. 무리하지 않으면서 적당한 승률을 꾸준히 이어가는 거죠. 그러면 복리로 수익을 쌓아갈 수 있거든요. 저는 일희일비하지 않고, 정해진 원칙에 따라 트레이딩을 잘 이어오고 있습니다.

투자자 A, B, C는 자신의 기분이 가리키는 방향을 따라가며 편안하게 투자를 즐기고 있다. 잘 안되는 것을 억지로 붙잡고 갈 필요는 없다. 투자하는데 계속 기분이 나쁜 상태로 있다면 이는 당신이 잘못된 길로 가고 있다는 신호다. 그 신호를 무시하고 계속 간다면 어떻게 될까? 나쁜 기분이 쌓이고 쌓여서 결국 투자도 일상도 망가지고 말 것이다. 단명이 목표가 아니라면 기분이 좋지 않은 상태로 투자하는 것은 멀리해야 한다.

기분이 투자의 내비게이션이 될 만큼 중요한 이유는 투자를 오랫동안, 어쩌면 평생 해야 하기 때문이다. 투자하면서 기분이 좋아야 편안하게 즐기면서 오랫동안 투자를 할 수 있다. 그런데 매일같이 긴장되고 화병이 생길 것 같으면, 그 투자는 멈춰야 한다. 시한부 같은 인생을 살려고 투자하는 것이 아니다. 투자는 장기간 수익을 복리로 쌓아가는 활동인 만큼 주식시장에서 오랜 시간 살아남는 것이 매우 중요하다.

여기서 기분과 감정을 구분할 필요가 있다. 먼저 감정은 어느 정도 제어가 가능하다. 주식 투자와 관련된 공부나 독서 등을 통해 감정을 다스릴 수 있다. 감정은 영어로 'emotion'이다. 'e'와 'motion'이 합쳐진 말로, 밖으로 향하는 움직임을 뜻한다. 즉 우리의 움직임을 유발하는 어떤 것이 바로 감정이다. 감정은 시간이 지남에 따라 약해진다. 짝사랑을 생각해보자. 처음에는 보기만 해도 좋았다가 시간이 지나면 조금씩 좋아하는 마음이 사라지는 것과 같다.

그러나 기분은 감정과 다르다. 기분은 의식적으로 제어할 수 있는 성질의 것이 아니라 그저 느끼는 것이다. 어떤 일에 대해 생기는 마음의 상태를 가리키는데, 금방 사라지는 감정과는 달리 오랜 시간 지속되어 감정을 떠받친다. 예를 들어 빈곤한 상황에 처했을 때의 기분을 상상해보자. 시간이 지나면 괜찮아지지 않을까 기대하고 싶겠지만, 궁핍하고 막막한 현실에 기분이 좋아질 리는 없다.

기분을 좋아지게 하는 방법은 기분이 좋은 쪽으로 가는 것 말고는 없다. 빈곤이 문제라면 빈곤을 개선할 방법이 무엇일지 생각하며 단계적으로 초점을 전환해가는 것이다. 그렇게 하다 보면 기분은 서서히 되살아나기 시작한다. 이런 이유로 나는 기분을 투자의 내비게이션이라고 생각한다. 기분의 눈치를 살피면서 한 걸음씩 가야 한다.

그러나 자신의 기분 내비게이션에 따라 투자할 때 경계해야 할 점이 있다. 바로 대세 상승장 시기다. 상승장에는 모든 자산의 가격이 다 함께 오를 수 있는데, 이때 상승장의 환희에 취하면 내비게이션은 교란될지도 모른다. 교란된 내비게이션은 질 나쁜 주식을 사는 파멸적 행동으로 유인할 수도 있다. 그러므로 투자할 때는 대세 상승장 같은 극적인 순간을 경계해야 한다.

기분은 나만의 고유한 것이다. 다른 사람의 기분 좋은 방식이 나에게도 좋은 것은 아니다. 이는 다른 사람들의 성공 투자 방법이 나에게 완벽하게 적용되기 어려운 이유다. 사람마다 좋은 기분을 느끼는 영역이 다르다. 누군가는 노래를 부를 때 기분이 좋고, 누군가는 공을 찰 때 기분이 좋을 수 있다.

나는 투자를 고민하는 사람들을 포함한 모든 사람에게 기분을 좋게 하는 것들만 하고 살라고 조언해주고 싶다. 인생은 기분 좋은 일만 하고 살기엔 그리 호락호락하지 않다고 생각할 수 있다. 하지만 알고 보면 세상은 기분 좋은 일만 하면서도 살아갈 수 있는 여지가 차고

넘친다. 물론 당장 회사를 그만두고 그런 일을 찾는 것은 어렵겠지만, 조금씩 방향을 맞춰 나아가면 된다.

《젊은 베르테르의 슬픔》에서 베르테르는 말했다. "내가 완두를 세든 편두를 세든 간에 근본적으로 마찬가지 아닌가? 세상의 모든 일이란 필경 따지고 보면 하찮고 시시하다."

나는 우리의 일이라는 것이 '완두와 편두 정도의 차이'만 존재한다고 믿는다. 더 멋져 보이는 것과 인정받는 것보다는 자기 마음이 즐겁고 편안한 것을 추구해가자는 것이다. 투자도 그렇다. 성공하는 투자에도 수천수만 갈래의 다른 길이 존재한다. 그중에는 분명 다른 누군가가 정한 방향이 아니라 자기 기분을 가장 편안하게 만들어주는 방향이 있을 것이다.

남들이 다 하니까, 남들이 좋다니까 하는 것이 아니라 자기 기분이 가리키는 방향으로 나아가자. 그렇게 기분을 따라가다 보면 내비게이션처럼 자신에게 가장 잘 맞는 투자의 방향을 알려줄 것이다. 그렇게 가야 투자를 즐겁게 오래 이어갈 수 있다. 전문가나 달인은 그 과정에서 탄생한다. 잊지 말자. 투자 생태계의 마스터키는 기분 좋은 투자를 하는 당신이 이미 쥐고 있다는 사실을.

3
대출 상환도 투자다

한때 '양털 깎기'라는 음모론이 번지던 때가 있었다. 이는 세계 금융시장의 큰손인 유대 자본이 개발 도상국 자원을 수탈해가는 신종 수법으로서 1990년대에 처음 소개되었다.

양털 깎기의 과정은 이렇다. 먼저 자본가는 '양'으로 일컬어지는 개발 도상국의 정부나 기업에 저금리로 돈을 빌려준다. 개발 도상국에 서식하는 양들은 저금리 달러를 풍족하게 누리며 점점 '털 찐 양'이 되어간다. '털이 찔 만큼 쪘다' 싶을 때, 자본가는 '금리 인상' 바리캉을 들고 나타난다. 털 찐 양들은 고금리를 감당하기 어렵다. 그래서 개발 도상국의 양들은 순순히 그들의 털을 염가에 처분한다. 기존에 가지고 있던 털까지 모두 다. 자본가는 이 과정에서 개발 도상국의 자산을 헐값에 쓸어 담는다.

이 음모론에 출현하는 유대 자본은 로스차일드 가문을 지칭한다. 이 세상의 금융시장이 돌아가는 형태를 볼 때, 이 음모론은 터무니없는 것일지 모른다. "한 명의 로스차일드가 강세장을 주도할 수는 있지만, 약세장만큼은 어쩔 도리가 없다"는 말이 있듯이, 실은 유대 금융 자본도 천하무적은 아니다. 금융 위기의 직격탄을 맞게 되면 그들 역시 어렵기는 마찬가지다. 게다가 정부 기조에 따라 치명적인 난관에 봉착하기도 한다. 그래서 양털 깎기 음모론은 현실 세계에서 적용되기는 어렵다고 본다. 하지만 이 양털 깎기 비유는 우리에게 한 가지 중요한 가르침을 준다. 바로 '저금리 대출에 기쁘게 달려드는 것을 경계하라'는 가르침이다.

코로나19 이후로 몇 년간 저금리 기조가 이어졌다. 저금리 대출을 누리던 경제 참여자들은 점점 '털 찐 양'이 되어갔다. 너도나도 은행으로 달려가 대출을 일으켰고, 그 돈으로 주식, 부동산 등 자산을 사들였다. 그렇게 털이 통통하게 차오르며 기쁨을 누리던 때, 미국 연준은 금리 인상 바리캉을 치켜들었다. 미국 금리 인상에 발맞춰 한국은행 역시 그보다 더 늦지 않게 금리를 인상하려 애썼다. 이 금리 인상은 털 찐 양들을 공포에 떨게 했다. 같은 시기, 빚 없는 소수의 양은 금리를 인상하든 말든 별 관심이 없었다. 그러나 빚이 많은 양은 연준의 바리캉에 곧 털을 다 깎이고 말 운명에 처했다. 그들에게는 차디찬 겨울이 기다리고 있을 뿐이었다.

금리 인상 바리캉을 든 미국 연준을 탓할 일은 아니다. 연준은 국가 경제라는 자동차를 끌고 가는 운전자다. 그들은 적절한 속도로 차량을 운영할 의무가 있다. 안정적인 물가 관리는 그들의 주된 관심사다.

연준 운전자가 모는 차량은 액셀과 브레이크를 가지고 있다. 액셀은 금리 인하, 브레이크는 금리 인상이다. 고속도로를 쌩쌩 달리다 연준 운전자는 문득 계기판을 봤다. 이를 어쩌나? 시속 170킬로미터가 넘어가고 있는 것이 아닌가? 운전자는 깜짝 놀라서 슬금슬금 브레이크를 밟아 속도를 조절했다. 자동차 엔진이 과열되어 문제가 생길 수 있고, 사고가 날 수 있기 때문이었다.

금리 인상이라는 경제의 브레이크는 경제 팽창의 속도를 조절한다. 반대로 경제 팽창의 속도가 너무 느리면 액셀을 밟아서 속도를 쭉 끌어올리기도 한다. 여기서 금리 인하는 경제 자동차의 액셀 역할을 담당한다.

사실 경제 참여자 입장에서는 경제가 속도 170킬로미터든 200킬로미터든 빠른 것이 좋다. 목적지에 더 일찍 도착할 수 있을 테니 말이다. 탐욕은 이보다 더 빠른 속도를 원한다. 그러나 경제 자동차가 무리해서 달려가다가 과열에 폭발해버린다면, 모두의 손해다. 모두의 파멸을 막기 위해 운전자는 액셀과 브레이크를 적절히 사용해야 한다. 하지만 운전자도 신이 아닌 사람이기에 간혹 실수를 한다. 때로는 급브레이크를 밟기도 하고, 브레이크를 밟을 타이밍을 놓치기도 한다. 연준이 급브레이크를 밟을 때 몇몇 안전벨트가 없는 경제 참여자들은 차 밖으로 날아가 버리기도 한다.

"당신은 양털 깎기를 당하지 않을 수 있는 사람인가?"

금리 인상 전부터 해야 했던 이 질문을 이제 생존을 위해 고민해야 하는 때가 왔다. 긴축의 시대다. 앞으로 한동안 연준 운전자의 브레이크에 익숙해져야 할 것이다. 전체 자산 규모에서 30퍼센트 이하의 빚을 가졌다면, 여기에 꾸준히 들어오는 소득이 있다면 양털 깎기를 당할 가능성은 적다.

반면 빚으로 투자한 여러 채의 집은 금리 인상의 시기 고통의 근원이 될지 모른다. 일부 건물주들은 벌써 신음하는 듯하다. 한때 유망한 투자처였던 꼬마 빌딩은 월세로 은행 이자도 못 내는 '적자 건물'이 되어 있다. 건물주 걱정은 연예인 걱정만큼 쓸데없어 보일 수 있지만, 막상 그들의 속은 타들어 간다. 금리 인상으로 대출 이자는 2배로 늘어나서 감당이 안 되는 상황에서 건물을 제값에 팔기도 어렵다. 만약 단기간 매매로 차익이 남는 부분이 있더라도 마냥 기뻐할 수는 없다. 단기 차익의 대부분은 세금으로 국가에 환원해야 할 테니 고생만 하고 남는 것은 별로 없을 수도 있다. 물론 부동산 특성상, 이 어려운 시기를 잘 버텨내면 '이기는 게임'이다. 그러나 금리 인상의 양털 깎기 시즌을 잘 넘기지 못하면 고생은 수포가 된다.

감당할 수 있는 적정 규모의 대출을 쥐고 있는 상태에서는 또 다른 고민이 있을 수 있다. '금리는 오르는데 대출을 갚을까 아니면 투자를 이어갈까' 하는 고민이다. 여기 대출 상환에 대한 다른 견해를 가진 A와 B가 있다.

> A: 이자가 2배 넘게 올랐는데 당연히 대출을 갚아야지. 난 대출이 없어야 마음이 편해.
>
> B: 대출을 유지하는 것이 유리해. 장기적으로 보면 주식이나 부동산 등의 연간 수익률은 은행 이자를 훨씬 앞설 거야.

A와 B 둘 다 맞는 말을 하고 있다. 가치관의 차이만 있을 뿐이다. 이 둘이 잘만 한다면 만족스러운 경제 생활을 이어갈 수 있다. A는 마음 편하게 투자를 이어갈 수 있고, B는 훗날 높은 수익률로 보상받을 수 있다. 빚이 있는 것이 싫다면 갚으면 되고, 잘 운영할 능력이 있다면 적절히 유지하면 된다. 각자에게 맞는 방식으로 가면 된다.

그러나 만약 A와 B 두 사람이 부부라면 갈등을 피해 가기는 어렵다. 이 갈등은 보통 한쪽의 양보로 귀결되지만, 가치관의 차이는 좀처럼 좁혀지지 않는다. 가치관 문제를 떠나서 대출을 먼저 해결해야 하는 경우도 있다. 이자 지출 비용을 따져보면 대출을 상환하는 것이 더 유리한 때가 있는데, 대출 상환이 유리한 경우는 다음과 같다.

전세 자금 대출을 받았는데 대출 이자가 시중의 월세를 초과할 수도 있다. 그런 때는 전세 자금 대출을 상환하고 월세로 거주하는 편이 낫다. 혹시 대출이 많은 상태에서 값비싼 월세를 살고 있다면, 주거의 질을 낮춰서라도 대출을 상환해야 한다. 카드론이나 제2금융권의 고금리 대출이 있다면 이를 우선순위에 두고 상환하자. 특별한 경우가 아니라면 은행에 예·적금하는 것보다는 대출을 갚는 것이 유리하다.

나는 왜 이런 당연한 이야기를 하는 것일까? 생각보다 많은 사람이 관성에 이끌려 살아가는 것을 봐왔기 때문이다. 다시 말해 늘 하던 대로 한다는 것이다. 상황이 바뀌면 다른 대안을 찾아야 하는데, 그렇지 않은 경우가 의외로 많다. 나 역시 비슷한 경험이 있다. 20대 시절 빚 3000만 원이 있는 상태에서 월세가 100만 원 하는 원룸에 살았다. 게다가 마이너스 통장 대출 이자가 7퍼센트인 상황에서 2~3퍼센트 정도 이자를 주는 은행 적금에 가입했다.

혹시 이 글을 읽는 당신에게 대출이 있다면 상환 여력을 꼼꼼히 검토하길 바란다. 아무 생각 없이 사는 것은 의외로 무섭다. 관성에 이끌린 선택으로 놓아버린 눈먼 돈은 없는지 생각해보자. 기대 수익률이 터무니없이 낮은 자산이 있다면, 그 자산으로 대출을 갚는 편이 더 유익하다.

지금 저수지의 물이 빠지고 있다. 금리가 오르면서 시장의 돈이 줄어들고 있다. 그 속도는 생각보다 빠르다. 물이 빠지면 발가벗고 수영을 하는 사람이 누구인지 만천하에 드러날 것이다. 물이 완전히 말라붙기 전에 손을 써야 한다. 금리가 가파르게 오르는 시기에는 대출 상환도 투자의 일환이다. 양털 깎기의 피해자가 되지 않으려면 현명하게 대처해야 한다. 대출을 끌고 갈 합리적인 명분이 있다면 그대로 가면 된다. 그러나 가망 없는 것이라면 과감하게 쳐내야 금리 인상 혹한기를 견뎌낼 수 있을 것이다.

4
복잡할수록 단순하게 생각하라

    인생은 참으로 복잡한 듯 보인다. 거창하게 인생까지 논하지 않더라도, 삶의 단편조차 그리 단순하지만은 않은 것 같다. 예를 들어 물 한 잔 마실 때를 생각해보자. 물 한 잔을 마시기 위해 손목, 팔, 팔꿈, 어깨 등 모든 근육을 사용해야 한다. 그러나 우리는 물을 따를 때 손목 근육을 45도 각도로 틀거나 물컵을 쥘 때 손가락 굽힘근을 사용하는 것을 의식하지 않는다. 근육이 어떻게 움직이는지는 알 필요가 없다. 단순하게 최종 목적지인 '물을 마신다'는 것만 생각한다.

    만약 모든 것을 인식하고 통제하려고 한다면 물 한 잔 마시는 일조차 할 수 없다. 복잡성에 초점을 맞추기 시작하면, 우리 인생은 정말이지 숨 쉬는 것도 고된 일이 된다.

  물 한 잔 마시는 일상의 행위도 하나하나 따지고 보면 참으로 복잡한데, 하물며 주식 투자는 어떻겠는가? 물을 마시는 것과는 비교도 할 수 없을 만큼 난도가 올라간다. 전 세계인들이 참여하는 주식시장은 상상 초월의 복잡계다. 카오스가 지배하는 주식시장에서 시시각각 일어나는 모든 사건에 주의를 기울여가며 투자한다면 어떻게 될까? 아무것도 할 수 없게 된다. 복잡하게 생각이 많은 것은 일을 성공적으로 해내는 것과 거리가 있다. 생각이 많으면 그 무게에 짓눌려 행동할 수 없게 되기 때문이다.

  이 세상에서 가장 높은 수준의 첨단 기술을 다루는 곳, 실리콘 밸리. 그곳에서도 단순함은 중요한 가치로 통용된다. 회사 재직 중에 스탠포드대학을 방문한 적이 있다. 그곳에서 나는 실리콘 밸리 스타트업이 일하는 방식인 '디자인 싱킹design thinking'을 접했다. 디자인 싱킹은 복잡한 문제를 해결하기 위한 논리적 접근법을 5단계로 구분했다.

  문제를 정의하고 사용자와 공감대를 형성하는 것부터 시작해서 아이디어를 발산한다. 물론 '거지 같은' 아이디어도 대환영이다. 복잡해 보이는 프로젝트도 아이디어 창출하는 데 시간제한을 둔다. 이 과정은 아주 속도감 있게 진행된다. 그렇게 '대충' 프로토타입(시제품)을 제작한 뒤 문제점을 하나하나 수정해나가면서 점차 완성품의 형태를 만들어간다. 이를테면 단순화해서 시제품을 만들고 검증해나가는 것의 반복이다. 우리가 아는 테슬라 전기 자동차도 그렇게 만들어졌다. 테슬라가 처음부터 완벽하고도 복잡한 설계도를 그리고 시작했다면, 그렇게 빠른 혁신은 불가능했을 것이다.

내 주식 투자에서도 가장 중요한 가치는 '단순함'이다. 단순함을 추구하는 투자 방식의 선구자 격 인물이 있다. 바로 찰리 멍거다. 워런 버핏의 파트너로 유명한 그는 버크셔 해서웨이Berkshire Hathaway'를 끌어나가는 실세다. 찰리 멍거는 단순한 아이디어를 진지하게 받아들이라며 단순함에 관한 자신의 철학을 강조했다.

"투자란 몇 군데의 훌륭한 회사를 찾아내어 그저 궁둥이를 붙이고 눌러앉는 것이다."

그의 투자 방식은 '그저 궁둥이를 붙이는' 것처럼 실로 단순하다. 하지만 찰리 멍거가 말하고자 하는 것은 그 단순함 안에서 '눌러앉는' 것, 즉 인내심이다.

그러나 주식시장을 이끌어가는 투자자 대부분이 이와 정반대인 경우가 많다. 그들은 복잡하게 계산기를 두드리면서 인내심이 없다. 이런 투자자들 덕분에 주식시장이 생기 넘치게 흘러가는지도 모르겠다. 다만 큰 비용을 지불할 것이라는 사실을 그들이 감안했는지는 알 수 없지만 말이다.

주식 투자에서 가장 중심이 되는 것은 두 가지다. 첫째는 종목 선택, 둘째는 사고파는 타이밍 선택이다. 이는 사실상 주식 투자의 전부다. 시장 및 재무 분석 등 대부분의 주식 투자 공부는 결국 이 두 가지를 결정하기 위함이다. 투자자들은 주식 종목과 타이밍 선정을 위해 모든 시장의 이야기를 총동원한다. 마치 물 한 잔을 마시기 위해 모든 근육을 총동원하듯이 말이다.

그렇다면 단순하게 주식 투자를 하기 위해서는 종목과 타이밍 선택을 어떻게 하면 좋을까? 나는 종목과 타이밍을 선정하기 위한 두 가지 원칙을 세웠다. 수많은 책 속 현자들의 지혜와 과거 나의 실패 경험이 이 원칙을 세우는 밑거름이 되었다.

첫째, 종목을 단순하게 결정하기 위해서 나는 되도록 적은 수의 종목을 채택한다. 현재 나는 4개의 종목을 보유하고 있는데, 그중 3개 종목에 자산이 집중되어 있다. 내가 보유한 종목은 세계 1~5위 기업 사이에 포진해 있다. 나의 주식 자산에 비하면 보편적으로 적은 종목 수지만, 이처럼 종목을 극도로 제한하면 계좌에서 쭉정이가 자라나지 않는다는 장점이 있다.

종목을 선택하는 게 어렵고 복잡하게 느껴진다면, 후보 종목들이 최선의 선택지가 아닐 수도 있다. 굳이 여러 개 종목이 아니어도 상관없다. 단 한 개 종목에 투자하더라도 깔끔하게 딱 떨어지는 명쾌함을 가지고 투자하면 된다. 만약 지금 살지 말지 고민하는 주식이 있다면 사지 않는 것이 정답이다. 물건이든 주식이든 긴가민가할 때는 품에

들이지 않는 게 좋다.

"갈까 말까 할 때는 가라. 살까 말까 할 때는 사지 마라. 말할까 말까 할 때는 말하지 마라. 줄까 말까 할 때는 줘라. 먹을까 말까 할 때는 먹지 마라." 서울대학교 최종훈 교수가 남긴 다섯 마디 인생 교훈은 선택 장애에 직면했을 때 유용할 것이다.

둘째, 사고파는 타이밍을 단순하게 결정하기 위해 나는 모든 예측을 거부한다. 가끔 예측하고 싶은 마음이 생기기도 하지만, 의식적으로 제어하는 편이다. 그래서 나는 사고파는 타이밍을 크게 염두에 두지 않는다. 가령 '10년을 보유할 종목을 사는데 뭐 어때' 하는 마음이다. 그러다 보니 상투에 물리는 일이 부지기수다. 사자마자 주가가 떨어지면 매우 슬픈 일이지만, 시간은 많은 것을 해결해준다. 상황이 돌변해서 주식시장이 내 뒤통수를 치더라도 상관없다. 나는 여윳돈으로 투자하기 때문에 10년, 아니 20년을 기다려도 끄떡없다.

주식을 살 때 사람들이 가장 피하고 싶은 것은 상투에 물리는 일일 것이다. 조금이라도 더 싸게 사고 싶은 것이 인지상정이다. 단순함을 추구하면서도 고점에 물리는 것을 피할 방법이 있다. 지금부터 사고파는 시점을 결정할 때 도움이 될 팁 두 가지를 소개한다.

먼저 주식을 살 때 피해야 할 시점은 거래량이 폭발하는 때다. 거래량이 폭발하면서 주가가 치솟는 시기는 단기적 고점인 경우가 많다. 거래량이 급증한다는 건 단기 세력이 들어왔다는 뜻일 수도 있다. 단기 유입 세력은 인내심이 없다. 그들은 다른 먹거리를 찾아서 또 재빨리 옮겨갈 가능성이 크다. 주식 시황 채널에서는 거래량 및 주가 급등 주식을 '오늘의 추천 종목'으로 소개하곤 한다. 여기에 유혹당하면 호구는 떼놓은 당상이다.

다음으로 주식을 팔 때 피해야 할 시점은 주가가 장기적으로 횡보하는 때다. 최고의 우량주를 선택해서 투자했더라도 주가가 큰 폭으로 하락한 뒤 장기간 횡보하면 누구나 마음이 지친다. 해당 기업에 문제가 없더라도 찜찜함이 계속될 수 있다. 그런데 일정 수준에서 하락을 멈추고 횡보한다는 것은 '누군가' 주식을 사고 있다는 뜻이다. 장기 횡보를 견디지 못하고 주식을 파는 사람은 그 '누군가'에게 주식을 저점에 넘겨주는 셈이다.

주가가 치솟아 거래량이 폭발하는 시점에 주식을 사지 말고, 주가가 장기 횡보할 때 주식을 팔지 않는 것, 이 두 가지만 피하면 적어도 호구는 면할 수 있다. 그러나 주식 투자에서 가장 중요한 것은 종목 선택이다. 살까 말까 망설여지는 애매한 주식은 예선 탈락임을 명심하자.

투자는 단순하고 우직하게 반복하는 것이다. 지루하고 따분할 수 있다. 그렇게 느끼는 이유는 자신이 능동적으로 할 수 있는 일이 별로 없어서다. 주식에서 필요한 것은 시간, 그뿐이다. 이를 뒤집어 생각하면 오히려 단순한 투자 방식의 장점이 된다.

복잡계 세상에서 생각이 너무 많은 투자자를 만나면 나는 이렇게 말해주고 싶다. "너무 걱정하지 마세요. 걱정할 시간에 내가 할 수 있는 게 무엇인지를 생각하세요."

주식시장에서 투자자가 제어할 수 있는 것은 없다. 그러므로 걱정을 내려놓자. 최적의 투자 타이밍을 찾아내는 것도 불가능한 일일지 모른다. 주식시장에서는 자기가 잘할 수 있는 것만 생각하자. 그 하나만으로 주식시장은 돌연 단순해질 수 있다.

5
투자는 유행이 아니다

'주식시장 꽉 잡은 '태·조·이·방·원' 애널리스트가 꼽은 유망주는…….'

〈머니투데이〉의 2022년 8월 21일 자 기사 제목이다. 태조이방원이 뭘까? 이방원은 태종 아닌가? 잠시 혼란스러울 수도 있다. 여기서 태조이방원은 '태양광, 조선, 이차 전지, 방산, 원전' 산업을 뜻한다. 국내 주식시장이 침체한 가운데 태조이방원 관련 종목이 반등 랠리의 주역으로 급부상했다. 그러자 시장에서는 여기에 초점을 맞추고 수혜주를 찾는 데 분주해졌다. 수혜주, 관련주 등이 앞다퉈가며 쏟아지자 투자자들의 관심이 집중되었다.

단체로 절벽에서 투신하며 집단 자살쇼를 펼치는 포유류가 있다. 바로 스칸디나비아반도에 서식하는 '레밍'이라는 설치류다. 이 집단 자살쇼는 몇 마리의 레밍이 절벽을 행해 뛰어가는 것으로 시작된다. 그것을 본 주변의 레밍들이 같은 방향으로 함께 뛴다. 영문도 모른 채, 그렇게 수백 수천 마리가 함께 뛴다. 함께 몰려가는 레밍 무리는 절벽에서도 멈출 수 없다. 시야가 가려져 절벽을 볼 수 없을뿐더러 설령 절벽이 눈에 들어왔더라도 인지했을 즈음에는 이미 늦었다. 이는 주식시장에서도 나타나는 현상이다. 다수의 견해를 추종해 특별한 이유 없이 투자하는 것을 주식시장에서는 '레밍 효과'라고 한다.

피터 린치는 "남들이 몰려다니는 곳에 함께 다니면, 먹을 것은 없고 발만 밟힌다"라며 레밍 효과를 비판했다. '특정 분야가 뜨고 있다'는 소식을 들으면 사람들은 레밍 효과에 빠지기 쉽다. 레밍 신세를 면하는 방법은 아주 간단하다. 일단 달리는 것을 멈추고, 멀찌감치 떨어져 이렇게 생각하면 된다. '요즘에는 이 분야가 뜨고 있구나.'

'태조이방원이 뜬다'고 하자 사람들은 유추했다. 수계 분산 음극재용 CNT 도전재 기술은 난도가 높으니까 이 기술을 보유한 N사는 독점 수혜주 혜택을 누리겠구나, 태양광 모듈/셀 생산 능력과 효율 개선 등을 볼 때 H사 영업이익이 다음 분기에 300억 원 정도 증가하겠구나 등 해당 분야 사업을 치밀하게 분석하기 시작했다.

그러나 신재생 에너지 소재 담당 엔지니어나 태양광 패널 영업 등

투자는 유행이 아니다

에 종사하는 게 아니면 지엽적인 것에 깊이 파고들 필요는 없다. 개인이 모든 것을 알 수도 없고, 알 필요도 없다. 관련 분야에 재미를 느낀다면 모르겠지만, 그게 아니라면 유행하는 분야를 애써 공부하지 않아도 된다. 그보다 우선시해야 하는 것은 해당 분야의 기술 앞에 절벽은 없는지를 보는 것이다. 급히 떠오른 분야는 단기간 거품이 끼기 마련이며, 시장 상황에 따라 그 거품은 빠르게 사그라든다. 유망주로 떠오른 산업은 이미 주가가 오를 대로 올라 있을 가능성이 크다. 그러나 유행의 흐름을 타서 비싼 주식을 사고 나면 머지않아 혹한기가 찾아온다. 그날이 오면 하락 또는 보합이 장기적으로 이어지는데, 개인 투자자가 이 지점을 무사히 통과하기는 어렵다.

물론 유행이 대세가 되는 예도 있지만, 극히 드물다고 봐야 한다. 따라서 유행일 때 주식 투자를 하는 것보다 시대의 흐름이 된 것을 확인한 이후에 천천히 발을 담그는 편이 낫다. 주식시장에서 서둘러 투자해야 하는 좋은 자산은 없다. 정말 좋은 자산이라면 장기적으로 성장해나가기 때문이다.

특정 시즌에 유행하는 주식은 '경기 민감주'의 특성을 가진다. 경기 민감주는 경기 사이클에 민감하게 반응하는 업종이다. 주식시장에서는 이를 '시크리컬 cyclical'이라고 부른다. 여기에 속하는 업종은 보통 철강, 조선, 화학, 정유, 건설, 기계 등이다. '태조이방원' 관련 업종과 거의 겹친다. 시크리컬에 투자하려면 경제 타이밍을 예측해야 한다.

호시절 반짝 좋았다가도 이후 한참 동안 침체의 늪으로 들어가기 때문이다. 그러나 경제를 예측한다는 것은 쉽지 않다. 워런 버핏의 스승이자 1950년대에 성장주라는 개념을 주장한 전설적인 투자자 필립 피셔가 "향후의 경제 상황이나 업황 등을 예상해 적중할 확률은 10퍼센트도 되지 않는다"라고 말했을 만큼 예측은 어렵다.

나는 시크리컬을 일종의 '천수답' 사업으로 본다. 천수답은 저수지 등의 관개 시설이 없어 오로지 빗물에만 의존하는 논을 뜻한다. 이런 논에서는 하늘에서 비를 내려주지 않으면 농사를 지을 수 없다. 시크리컬에 속한 산업은 천수답과 비슷해서 해당 분야에 단비가 내리는 시기에만 흥하는 경향이 있다. 천수답에 가뭄이 찾아들면 때아닌 농한기를 맞게 된다. 이 시기가 닥치면 아주 긴 보릿고개를 각오해야 한다. 비를 내려주지 않는 야속한 하늘만 원망하면서 말이다.

한때 천수답이었지만 점차 경기 사이클이 무뎌지는 사업도 있다. 반도체가 그 대표적인 예다. 2010년 전후로 반도체 산업은 전형적인 천수답이었다. 천수답 농민이었던 반도체 임직원들은 시황이 좋으면 넉넉한 성과급을 보상받았고, 가뭄이 찾아들면 적은 월급으로 버텨내야 했다.

과거에는 반도체 사이클이 확실히 존재했다. 전자 제품의 교체 주기가 4년 정도였는데, 그 주기에 따라 반도체는 흥망성쇠를 겪었다. 또 반도체업의 경쟁도 워낙 심했던 터라 반도체 공급 부족과 공급 과잉을 주기적으로 경험했다. 그러나 어느 시점부터 추세가 조금씩 바뀌었다. 경쟁자들이 하나둘 사라지는가 싶더니 스마트폰 탄생과 함께 반도체 수요가 폭발적으로 증가했다. 스마트폰 보급 가속화에 따라 플랫폼 기업은 공룡이 되어갔다. 이런 변화 속에서 데이터는 석유 같은 역할을 했고, 이를 운반하고 저장하는 반도체는 과거에 비해 사계절을 꾸준히 누리는 사업이 되어갔다. 한때는 경기 민감주의 대장격이었던 반도체의 사이클 경계가 점점 희미해지게 된 것이다. 지금도 그 과정은 진행 중이다.

이처럼 한때 전형적인 시크리컬이었던 분야가 사계절을 누리는 산업으로 바뀌기도 한다. 세상은 계속해서 변화해간다. 유행에 바로 뛰어들거나 시크리컬을 급히 매수하기보다는 세상의 흐름을 지켜보는 것이 중요하다. 지금 유행하는 '태조이방원' 산업 중에서도 반도체처럼 긍정적인 변화를 경험하는 분야가 나올지도 모를 일 아닌가?

증권사 애널리스트들이 '신성장 동력'을 발굴할 때 바쁘게 쫓아다니는 개인 투자자들이 있다. 그럴 필요가 전혀 없는데 말이다. 왜냐하면 개인 투자자들에게는 업계의 전문가들보다 더 큰 장점이 있다. 유행을 좇으며 바쁘게 움직이는 전문가들과는 달리 유행이 어떻게 흘러가는지 멀찍이 떨어져 지켜볼 수 있다는 장점이다.

개인 투자자가 이렇게 관조적으로 투자할 수 있는 이유는 '내돈내산(내 돈 내고 내가 산다)'이기 때문이다. 증권사에 속한 전문가들은 내

돈내산의 자유를 누리기 어렵다. 그들이 운용하는 상품은 누군가의 투자를 받아야 하므로 돈줄을 쥔 투자자들의 눈치를 볼 수밖에 없다. 그들은 특정 분야의 ETF 상품 등을 판매하기 위해 그 분야가 뜨는 이유를 끊임없이 조사하고, 유행을 빠르게 좇거나 새 유행을 발굴해서 고객들에게 소개해야 한다. 그러므로 전문가들은 개인 투자자처럼 느긋하고 관조적일 수 없다.

반면 개인 투자자는 주식 종목 선택에서 유행에 민감할 필요가 없다. NFT나 신소재 같은 잘 이해되지 않는 분야는 저 멀리 치워버리고 경기 민감주에 촉각을 곤두세우지 않아도 된다. 레밍의 무리에서 빠져나와 그저 편안하게 경주를 구경하면 된다. 매일 검은색 목티에 청바지만 입는 투자를 한다고 해서 지루하다며 탓할 사람은 없다.

개인 투자자는 이 같은 자신들의 강점을 적극적으로 활용해야 한다. 자신의 강점을 외면한 채 증권사 애널리스트들의 화려한 스킬에 흠뻑 취해 있다면, 장기적 성공을 이어가기는 쉽지 않다.

또한 국내 증권사의 수익이 주로 어디서 나는지를 기억해야 한다. 많은 부분은 거래 수수료에서 비롯된다. 증권사는 보통 금융 브로커, 즉 중개인의 역할을 통해 돈을 번다. 그들은 고객이 새로운 분야에 관심을 두게 해야 한다. 이를 통해 더 많은 거래를 끌어내야만 수익 창출이 가능하기 때문이다. 이런 이유로 그들은 밤을 새워 해당 분야를 공부하고 조사해서 개인 투자자들에게 정보를 전달한다. 그 정보를 마음껏 누리는 것은 좋다. 하지만 상대방이 왜 이런 귀한 정보를 나에게 주는 것인지, 한 번쯤 생각해볼 필요가 있다.

'FOMO$^{\text{fear of missing out}}$ 증후군'이라는 것이 있다. 이는 유행에 뒤처지는 것에 대한 불안감을 뜻한다. 꼭 투자가 아니어도 우리 인생에서 유행을 좇아다니는 것이 어떤 유익함을 주었는지, 한번 곰곰이 생각해보자.

'유행'의 사전적 의미는 "사회 구성원 사이에 어떤 복장이나 언어, 생활양식 등이 일시적으로 널리 퍼져 유사해지는 현상이나 경향"이다. 나는 여기서 '일시적으로'라는 부사를 강조하고 싶다. 일시적인 것에 당신의 에너지를 너무 많이 쏟지 않았으면 한다. 투자에서 어떤 유행이 몰려온다면, 너른 풀밭에 앉아서 빠르게 달려가는 그것들을 가만히 지켜보자. 모두가 달려서 지나간 뒤에 천천히 걸어가도 괜찮다. 절벽으로 내달리는 것보다는 천천히 걷더라도 목적지에 제대로 도착하는 편이 낫다. 이를 방증하듯 벤저민 그레이엄은 말했다.

"유행을 타지 말 것, 투자는 패션이 아니다."

수익은 힘을 뺄 때 온다

"그렇게 열심히 안 해도 돼요. 조금 더 큰 그림을 보면서 쉽고 편하게 하세요."

이 말을 들은 건 내가 부동산 투자에 한참 열을 올리던 시기였다. 지방 소액 부동산 투자로 시드 머니를 단숨에 불릴 계획이었다. 퇴근해서 집에 오면 밤 10시. 그때부터 새벽 2~3시까지 눈이 빨개지도록 전국 팔도를 공부했다. 주말에도 쉴 수 없었다. 누가 부동산 투자의 꽃은 발품이라고 했던가? 토요일은 지방으로 임장(현장 방문)을 다녔다. 부산, 광주, 울산, 청주, 천안 등 각 지역의 아파트를 전수 조사해가면서 샅샅이 훑었다. 무엇보다 이런 노력이 반드시 보상받으리라고 믿었다. 나의 광기를 눈치챈 한 부동산 고수는 주위를 살피고 큰 그림을 보라고 했지만, 그의 말이 들릴 리 없었다. 나는 지방 곳곳을 내 손안에 넣고 싶었다.

당시 부동산 투자의 흐름은 서울 및 수도권의 '똘똘한 아파트 한 채'였다. 나는 열심히 하는 것에만 집착한 나머지 정작 중요한 것을 놓친 것이었다. 대세와 정반대로 치열하게 노력했으니 결과야 뻔했다. 그렇게 나는 수천만 원의 수업료를 지불하고 나서야 투자의 흐름을 보게 되었고, 2016년에서 2018년 사이 상승장에서 부동산 투자에 실패한 보기 드문 사람이 되었다.

고생과 노력이 보상받는 것은 일견 합당해 보인다. 그러나 때로 노력은 배신을 한다. 이 세상은 '착한 일을 하면 복이 온다'는 옛날이야기처럼 딱 맞춰 흘러가지 않는다. 실제 우리가 경험하는 세상은 노력 여부를 떠나 들쑥날쑥하므로 종종 억울함이 치밀어 오를 수 있다. 주식 투자를 할 때는 더 그렇다. 그래서 무엇이 잘못된 것인지 판단하는 데 일관성을 갖기 어렵다. 어떤 때는 단지 운의 영역인 것만 같아서 답답함이 가중될지도 모르지만, 어쩌면 당연한 일이다. 주식 투자 성과는 '고생'과 '노력'을 변수로 하는 함수가 아니기 때문이다.

고생과 노력이 보상받는다고 오해하는 것 중 가장 대표적인 것이 '공부(학습)'일지 모른다. 한국 사교육 시장의 전설인 손주은 대표는 학생들에게 이런 말을 했다.

"내가 14년간 봐왔는데 공부에서 정말 중요한 것은 객관적으로 유전자야. 여기서 잘 생각해야 해. 내 공부 유전자가 아니다 싶으면 빨리 공부를 포기하는 게 현명한 일이야. 여기에 대해서 솔직해야 한다는 이야기야. 주위를 봐봐. 어떤 집안은 다 서울대야. 그런데 어떤 집안 식구는 사촌까지 모조리 다 관광버스 타고 다녀."

가만히 생각해보면 학창 시절 전교 1~2등을 다투던 친구들은 공부할 때 그다지 힘을 들이지 않았던 것 같다. 그들에겐 공부라는 게 몸에 밴 듯 자연스러워 보였다. 또 공부 잘하는 친구들을 보면 형제들도 공부를 잘했다. 물론 뛰어난 두뇌력과 집중력이 남달라서 공부를 잘하는 사람들도 있겠지만, 손주은 대표의 '유전자' 발언은 아주 없는 얘기는 아닌 듯하다.

에디슨은 "천재는 99퍼센트의 노력과 1퍼센트의 영감으로 만들어진다"고 말했다. 전체 성과에서 노력이 차시하는 비중을 보여준 연구 결과가 있다. 게임 26퍼센트, 음악 21퍼센트, 스포츠 18퍼센트, 교육 4퍼센트다. 연구 결과가 혹시 반대로 된 것은 아니냐고 생각할지 모른다. 에디슨이 "천재는 99퍼센트의 노력"이라고 말했으니 말이다. 사실 에디슨의 말은 노력이 중요하다는 뜻이 아니었다. 에디슨은 이어서 이렇게 말했다.

"저는 그들이 가지고 있지 않은 1퍼센트의 영감이 있습니다."

그동안 우리가 오해했던 그의 어록의 핵심은 '노력'이 아니라 '영감이 중요하다'는 것이었다.

다행히도 투자를 잘하는 것은 공부와 달리 유전자의 영역에 속하지 않는다. 투자의 방법, 방향은 실로 무수히 많아서 자신에게 잘 맞고 오래갈 수 있는 것을 선택하면 된다. 투자를 잘하고 싶다고 마음먹었다면, 무작정 노력에 치중하기보다는 자신의 '신념 체계'를 정립하는 것이 우선이다. 이는 자신에게 잘 맞는 투자 방식을 찾기 위해 꼭 필요한 단계다.

> A: 투자를 통해서 돈은 쉽고 편하게 벌 수 있다. 애쓴다고, 열심히 한다고 해서 돈이 더 잘 들어오지는 않는다.
>
> B: 투자를 잘하려면 지독하게 발품을 파는 것만이 살길이다. '개같이 벌어서 정승같이 쓴다'는 말처럼 궂은일을 가리지 않고 하는 것이 필요하다.

A와 B는 투자에 관한 서로 다른 신념을 가지고 있다. 지금 이 둘은 '사실'을 말하는 것이 아니다. 각자 가지고 있는 신념에 관해 이야기하는 것이다. 그러므로 A와 B의 말을 맞다 틀리다고 논할 수 없다. 하지만 이후에 벌어지는 일들에 대해서는 A와 B 각자가 자신의 신념에 책임을 져야 한다. 자신의 신념과 딱 맞는 세상이 펼쳐질 것이기 때문이다. 쉽고 편하게 돈을 벌 수 있다고 생각하는 사람은 쉽고 편안한

방식을 찾을 테니 결국 그 바람이 이루어질 것이다. 궂은일을 해야 투자가 잘 풀린다고 생각하는 사람도 궂은일을 슬기롭게 헤쳐 나갈 테니 그 믿음이 이루어질 것이다.

쉽고 편하게 성공적인 투자를 이어갈 수 있는 다양한 방법이 존재하고, 그 반대도 존재한다. 세상에 존재하는 무한한 경우의 수에서 자기가 가고 싶은 곳을 선택하는 것이 투자 인생이다. 굳이 어려운 길을 가고 싶어 하는 사람이 있을까 하는 의문이 생길 수 있다.

그러나 나는 투자의 난관을 진심으로 즐기며 돈을 버는 투자자들을 숱하게 봐왔다. 갖은 문제를 일으키는 빌라 여러 채에 투자하면서 바쁘지만 현명하게 대처해나가는 투자자들도 있다. 한 변호사는 복잡한 권리 관계 때문에 폭풍 같은 전투가 예상되는 부동산 물건에만 관심을 보였다. 그는 문제를 해결하면서 희열을 느끼는 듯 보였다. 이렇듯 그들은 진심으로 그 노력을 즐기고 있었고, 적지 않은 투자 수익을 창출했다.

물론 나는 이들과 다른 신념을 가지고 있다. 나의 투자 신념 중 몇 가지를 소개해보겠다.

- **신념 1**. 주식 투자는 '시간'의 함수다. 오랜 시간 수익을 쌓아올려야 한다.
- **신념 2**. 주식 투자는 신경 쓸 것이 별로 없다. 가장 쉽고 편한 투자 방법이다.
- **신념 3**. 부동산은 실거주 투자가 최고다.

나의 신념이 누군가에게는 어불성설처럼 들릴지도 모른다. 당연한 말이지만, 나의 신념이 정답은 아니기 때문이다. 이것은 단지 나만의 고유한 믿음일 뿐이다.

나에게 주식 투자는 시간의 함수지만, 누군가에게는 단기간 돈벌이의 수단이 되기도 한다. 막대한 자금을 운용하는 펀드 매니저라면 응당 빈번한 주식 거래를 통해 단기간 고수익 창출에 초점을 맞춰야 할 것이다. 만약 그들이 나처럼 주식 투자를 시간의 함수로 본다면 고객들은 다 도망가고 말 것이다.

나의 투자는 과거에도 현재도 내 신념처럼 흘러가고 있다. 2022년 극심한 하락장 속에서 많은 투자자가 몸살을 겪었던 중에도 나는 마음이 편안했다. 언제부턴가 이런 느긋함은 내 투자의 일상이 되었다. 투자에 큰 노력을 기울이지는 않지만, 연간으로 보면 주식 평가액은 대체로 올라가 있다.

이 글을 읽는 독자 중에는 투자에 대해 나와는 다른 신념을 가지고 있는 이도 있을 수 있다. 어떤 신념이든 괜찮다. 다만 그 믿음이 자신을 기쁘게 하는 것인지 살폈으면 한다. 당신이 당연하다고 믿는 신념은 무엇이 됐든 진리가 아니다. 진리가 아니므로 언제든 내다 버릴 수 있다. 자신이 가지고 있는 투자 신념을 한번 쭉 써보자. 당신에게 유리한 방향으로 신념을 재정립한 뒤 마음에 들지 않는 것은 폐기해버리자. 자신에게 해가 되는 것을 계속 붙들고 있을 이유는 없다.

노력해야, 머리가 좋아야 투자를 잘할 수 있는 것은 아니다. 투자는 당신의 신념대로 흘러가게 되어 있다. 그래서 자신에게 잘 맞는 신념을 조심스럽게 선택해야 한다.

"행복의 문이 하나 닫히면 다른 문이 열린다. 닫힌 문을 멍하니 바라보기만 하면 열린 문을 보지 못한다"는 헬렌 켈러의 말처럼, 당신에게 좌절을 안겨준 문만 멍하니 바라보고 있을 필요는 없다. 새로운 가능성과 경험을 선사해줄 다른 문이 이미 열려 있는지 모른다.

폭락장 속 나의 주식 투자

　매년 겨울이 되면 그다음 해의 경제 전망 이야기가 문전성시를 이룬다. 2021년 겨울, 전문가 10명 중 7명이 2022년 주식시장의 큰 변동성을 경고했다.

　여기저기서 엇비슷한 시장 전망이 나오는 것을 보며 주식시장 변동성이 어제오늘 일도 아닌데. 사실 주가가 오르기만 했던 2021년 한 해가 더 특이했던 것은 아닐까 하고 생각했다. 원자재 가격 인상과 수요 급증으로 인한 인플레이션과 금리 인상도 그저 뻔한 이야기로 여겨졌다. 이런 일을 이미 여러 차례 겪어봤으니, 이번에도 변동성 장세를 충분히 감당해낼 수 있을 거라고 자부했다. 그러나 실제 직면한 현실은 내 예상보다도 혹독했다.

2022년 한 해의 주가는 크게 하락하고 다시 솟구쳐 올라가고, 다시 더 크게 하락했다. 얼마 후 다시 반등하는 듯하더니 더 깊은 수렁으로 곤두박질쳤다. 이런 주가의 흐름은 어린 시절 가지고 놀았던 탱탱볼의 움직임을 연상케 했다. 불규칙하게 오르내린 이후에 점점 중력에 이끌려 바닥으로 수렴해가던 탱탱볼. 탱탱볼은 원래 자신이 있어야 할 자리로 돌아가는 것이었을 테지만, 2022년의 주식시장은 마치 탱탱볼과 비슷한 모양새였다.

2019년 말, 나의 금융 자산은 3억 원 정도였다. 그러다 얼마 뒤 코로나19가 전 세계를 휩쓸기 시작했다. 이 전염성 강한 바이러스는 시장을 완전히 감염시켰다. 한 번도 경험해보지 못한 세상에서 수많은 투자자가 얼어붙었고, 주식시장은 곤두박질쳤다. 세계 경제는 유례없는 대공황을 맞을 것만 같았다. 내 금융 자산도 급격히 쪼그라들고 있었다.

이때 미국을 필두로 전 세계가 돈을 풀기 시작했다. 개개인에게 돈을 쥐여주기까지 했다. '코로나 머니'는 주가를 단숨에 끌어올렸다. 그렇게 주가 상승 랠리가 펼쳐지며 1년 6개월여 만에 내 금융 자산은 6억 2000만 원까지 치솟았다. 하지만 이런 단기간의 급등은 오래 이어지지 않았다. 2022년에 찾아온 하락장은 잠깐의 상승을 집어삼켰다. 연이은 폭락장에서 나의 금융 자산이 4억 원 선까지 주저앉았다.

2~3년이라는 짧은 기간에 금융 자산 변동 폭이 수억 원에 이른 것이다. 코로나19 이전부터 주식시장에 머무르던 투자자 대부분이 나와 엇비슷한 수익률 곡선을 그렸고, 그런 상황이 투자자들에게 굉장한 스트레스를 주었다. 하지만 나는 스트레스가 아닌 다른 의식의 흐름을 선택했다. '결국 주식시장이 어떤 경로로 가게 될 것인가'를 생각하면서 도중에 발생하는 어려움을 감내하기로 했다.

경제의 굴곡은 단지 2~3년 스치고 지나가는 일이다. 주식시장의 역사를 돌아보면 매년 '있을 수 없는 놀라운 일' 일어났다. 미국의 투자전략가 켄 피셔는 《주식시장의 17가지 미신》에서 1934년 이래로 매년 일어난 세상의 극적인 사건을 나열한 바 있다. 그는 1934년부터 2011년까지 한 해도 빠짐없이 매년 발생한 놀라운 사건을 빼곡히 표에 기록해두었다. 장장 두 단원에 걸쳐 기록된 매년의 사건 기록을 하나하나 읽어가다 보면, 지금은 태평성대로 여겨질 정도다.

그의 기록을 간략히 나열해보자면 이렇다. 2001년 경기 침체, 911 테러, 아프간전쟁 등이 일어난 이듬해 2002년 이라크 및 악의 축과의 긴장이 고조됐다. 2003년에는 이스라엘의 시리아 공습이 있었고, 이듬해 2004년에는 달러 약세와 미국의 3중 적자 공포와 인도양 쓰나미 사건이 발생했다. 2005년에는 유가가 1년 새 2배 가까이 폭등했다. 이 기간에 세계 곳곳에서 큼직한 테러도 여러 차례 일어났다.

2001년에서 2005년 사이가 유별났던 것이 아니다. 그 어느 시기를 꼽아도 마찬가지다. 전 세계를 뒤흔드는 이벤트는 한 해도 거르지 않고 우리를 위협했다. 최근 5년간을 돌이켜봐도 역시 그렇다. 코로나19가 발생했고, 러·우 전쟁(러시아-우크라이나 전쟁)이 일어났고, 중국이 봉쇄되는 일도 있었고, 미국과 중국의 갈등이 깊어졌다. 또 역사적인 인플레이션이 일어났고, 바닥에 있던 유가가 단기간 사상 최고치로 솟구치기도 했다.

하지만 지난 시간의 비극적 사건은 빠르게 기억 저편으로 떠나버리고, 지금 당면한 일만 버겁게 느껴지기 마련이다. 켄 피셔는 혼란스러운 세상만사를 표에 정리하여 보여준 뒤 이렇게 정리했다.

"온갖 사건 속에서도 주식(S&P500 기준)은 전반적으로 상승했다. 물론 약세장도 있었다. 때 묻지 않은 역사는 없다. 세상은 언제든 무서운 곳이 될 수 있다. 그러나 역사를 통틀어 변치 않는 요소 하나는 자본시장의 회복력이다."

나는 40년 경험에서 우러나온 켄 피셔의 말을 곱씹으며 세상 일이 복잡하고 무서울 때도 주식 투자를 중단하지 않는다. 경제가 영원히 붕괴할 것 같은 사건은 매년 발생하기 때문이다. 만약 내가 혼란기에 투자하기를 꺼린다면 투자할 수 있는 기간은 거의 없을 것이다.

주식시장에 거대한 위기가 닥치기 전에 적절히 대응하지 못해 자신을 자책하는 사람들도 있다. 최근 만난 한 투자자는 금리가 오르고 장단기 채권 금리차 역전 현상이 발생하면 곧 주가가 폭락한다는 것을 알고 있었는데, 바쁘다는 핑계로 어영부영 매도 시기를 놓친 자신이 한심하다며 자책했다. 대응할 기회를 놓친 것을 아쉬워할 필요는 없다. 주식시장이 향후 어려워질 것을 알고 있었더라도 적절하게 대응하기란 쉽지 않다.

  2021년 11월 17일, 주식시장이 상승일로에 있었을 때 나는 투자 노트에 아래와 같은 글을 썼다.

> 워낙 오랜 기간 장기 강세장 속에서 머무르다 보니 위기에 대한 감각이 무뎌진다. 상승장에 취해 있는 나에게 오늘 조 대표님이 귀한 조언을 해주셨다.
>
> "2022년~2023년쯤 주식시장에 위기가 닥칠 수도 있어요. 그 시기를 잘 대응하면 큰 기회를 잡을 수 있을 거예요."
>
> 조 대표님의 말을 새겨들을 필요가 있을 것 같다. 하지만 위기는 사전에 적절한 대책을 세우기 어렵다고 생각한다. 예측할 수 있는 것이면 진짜 위기라고 할 수 없을 테니까. 위기는 주로 뒷통수를 공략한다. 그러므로 위기는 사전 대비가 아니라 이미 와버렸을 때 적절히 대응해야 한다.
>
> 만약 대응할 시기를 놓치면 어떻게 할까? 대응할 시간은 충분히 있다고 생각한다. 왜냐하면 주식시장은 시그널을 주기 때문이다. 그 시그널을 한 번만 주는 것도 아니다.
>
> 최악의 상황에 시장의 온갖 시그널을 다 놓쳐도 괜찮다. 최대 2년 정도를

인내하는, 아니 버티는 최후의 수단도 있기 때문이다. 물론 이 최후의 수단을 쓰려면 현재 포트폴리오의 점검이 필요하다. 스스로 최고의 주식이라고 인정하지 못하면 '존버'는 무용하다.

어떤 상황에서도 다 살아남을 방법이 있다. 어떤 결정을 하든 나는 괜찮을 것이다. 오직 필요한 건 편안한 마음뿐이다. 감정이 잦아들어야 이성적인 판단도 서는 것이다.

정확히 1년 뒤 주식시장은 어려운 상황을 맞이했다. 나는 예상대로 적절히 대응하지 못했고, 시장의 온갖 시그널을 다 놓치고 말았다. 결국 '존버'의 상황에 이르렀다. 그러나 나는 준비되어 있었다. 최악의 상황에 닥쳐서도 최대 2년 정도 버틸 수 있게 지금껏 체력을 길러왔기 때문이었다. 주식 투자 자금은 2년 이상 손대지 않을 수 있도록 여유 자금만을 활용했고, 최고 기업들의 주식만 남겼다. 기업 선택의 기준은 명확했다. 어려운 시기를 함께 헤쳐 나갈 마음이 가는 기업인지를 생각해보는 것이었다. 즉 '동업자' 관점으로 접근했다. 동업은 같이 사업을 하는 것을 의미하므로 책임감이 필요하다. 사업이 조금 어려워졌다고 투자금을 내던지고 빠져나오기는 어렵다. 나는 이런 동업자의 마음가짐으로 선별한 주식, 그 정도의 믿음과 애정이 있는 기업만 솎아냈다. 덕분에 하락장 속에서도 비교적 침착하게 투자를 이어갈 수 있었다.

시장이 뜨겁게 상승할 때, 그 정반대의 상황을 준비하기란 쉽지 않다. 우리가 사는 세계 속에는 상상을 뛰어넘는 사건이 펼쳐진다. 주식시장은 그 무수한 사건 사고에 휘둘린다. 한마디로 예측불가능하다. 그러므로 늘 새로운 국면으로 펼쳐지는 시장에 대응해야 한다.

내가 주식시장에 대응하는 방식은 '앞으로 하락이 올 테니 주식을 다 팔아버리자'는 식이 아니다. 하락장에서 효과적으로 대응하지 못할 나 자신을 아는 것이 대응의 시작이다. 소크라테스가 설파한 '무지의 지無知의知'를 기억하는 것, 즉 내가 아무것도 모른다는 것을 인정하면 오히려 답이 떠오른다.

나는 하락장과 폭락장을 자연스러운 순환의 과정으로 여긴다. 그 정확한 타이밍을 알지 못한다. 최고의 기업 주식이 무엇인지도 모른다. 다만 주관적인 관점에서 혹한의 시기를 함께할 만한 주식을 선별해내는 식으로 대응한다. 이것이 내가 '무지의 지'를 투자에서 실천하는 방식이다.

Think Simple

마음이 흔들리면
돈이 위험해진다

한주주의 현실 투자 조언

Becoming Rich

주식 투자는 시간과 노력만큼 결과가 뒤따르지 않을 때가 많다. 그만큼 성공적인 투자가 이루어지기란 쉽지 않다. 투자를 하다 보면 여러 난관에 부딪치게 된다. 그것이 바로 주식시장이다. 투자에 실패한 경우 단순히 돈을 잃는 것으로 끝나면 좋지만, 문제는 언제나 마음이다. 크게 상심한 마음은 과거 자신의 의사 결정을 질타하며, 자존감을 공격한다. 이는 일상과 본업을 무기력증에 빠뜨리기도 한다. 그래서 마음을 잃는 순간 인생은 크게 뒤흔들리고 만다. 나 역시 힘든 상황을 겪어봤기에, 그런 투자자들에게 조금이나마 도움이 되고 싶다.

여기에 실린 내용은 실제 투자자들과 주고받은 문답 가운데 몇 가지를 추려 보완 수정한 것이다.

Q 주식과 도박으로 생긴 빚, 앞이 막막합니다.

저는 20대 후반 회사원입니다. 우연히 유튜브를 보다가 알고리즘으로 떠 있는 한주주님의 〈빚 3000만 원 직장인이 1억 모으는 현실적인 조언〉이라는 동영상을 보게 되었습니다.

제가 빚이 참 많습니다. 카드론, 햇살론, 중금리 대출 등으로 총 8000만 원 정도 됩니다. 그중 1000만 원을 갚아서 지금은 7000만 원 정도가 남았습니다. 이자율은 대출마다 다른데 대략 10~20퍼센트입니다. 제 빚의 80퍼센트는 주식과 도박으로 생긴 빚입니다. 스스로도 참 한심하다고 느낍니다.

한 달에 대출 이자 및 원금 상환으로만 170만 원가량 나가는데, 원금이 110만 원이고, 이자만 64만 원입니다. 월 급여는 세후로 400만 원이고, 격월로 100만 원 정도 보너스를 받습니다. 이 중에서 부모님 용돈과 대출 비용, 통신비, 관리비 등을 포함하면 매월 고정으로 나가는 돈이 280만 원가량 됩니다. 생활비는 최소로 잡아 45만 원만 쓰고, 남은 돈은 모두 빚을 갚는 데 씁니다. 그렇다 보니 돈은 도통 모이지가 않고, 어떻게 살아야 할지도 막막합니다. 저에게 한마디 조언해 주실 수 있을까요?

 고금리 대출을 감당하느라 그동안 정말 많이 힘드셨겠어요.

어려운 와중에 벌써 대출을 10퍼센트 이상 갚아내셨네요. 질문자님께서는 이미 좋은 궤도에 들어가 계신 듯합니다. 질문자님께서 보내주신 내용을 쭉 보니 그래도 희망적인 부분이 있어요. 20대 후반이시고, 비슷한 연령대에 비해 급여도 좋은 편이에요. 제삼자가 봤을 때 충분히 해볼 수 있는 수준이라는 생각이 들어요!

혹시 지금도 주식 투자를 하고 계시나요? 그렇다면 지금은 투자를 잠시 멈추시고 대출 갚는 데 집중하시는 것을 추천하고 싶습니다. 우선 대출 이자가 너무 높아요. 저금리의 상품으로 갈아탈 수 있다면 좋겠지만, 아마도 그렇게 하기는 어려운 상황이시겠죠?

걱정하지 마세요. 지금도 나쁘지 않아요. 정말 나쁜 것은 지금 상황에서 투자에 손을 대시는 거예요. 만약 투자 수익을 내서 빚을 갚으려고 생각하고 계신다면, 저는 만류하고 싶습니다. 모든 것이 무너져버릴 가능성이 크니까요. 투자는 안전 마진이 있어야 순탄한데, 지금 질문자님 상황은 솔직히 빠듯해요. 빚을 갚기 위해 다른 지름길을 찾는 것보다는 노동 소득만으로 한 걸음씩 갚아나갈 것을 추천해 드리고 싶습니다.

오로지 근면성만으로 대출 갚는 것이 당장은 막막하게 여겨질 겁니다. 그러나 돈을 갚다 보면 나중에는 더 빨리 돈이 모이는 것을 느끼게 되실 거예요. 대출 원금이 줄어들수록 대출 이자도 함께 줄어들기 때문에 빚 갚는 속도도 점점 더 빨라질 거고요. 돈을 모으는 것도 돈을 탕진하는 것도 관성이 있어요. 그렇게 큰 빚을 다 갚아내고 나면, 그만큼의 돈을 모으는 건 훨씬 더 속도가 붙을 겁니다.

그리고 빚 청산이라는 목표에 집중하다 보면 생각보다 많은 것이 정돈됩니다. 대출이 점점 줄어들면서 뭔가 자신이 더 건전해지는 느낌을 받게 될 테고, 이 감정은 자신에 대한 긍정적인 인식을 불러일으킵니다. '나는 꽤 괜찮은 사람이다'는 생각이 마음에 스며들게 될 테고 그로 인해 삶의 전반적인 부분이 개선될 것입니다. 주위 사람들과의 관계도 좋아지고, 지금 하는 일에서도 성과가 올라갈 거예요. 빚을 갚는 것은 이렇게 긍정적인 효과도 볼 수 있다고 생각해요.

질문자님께서 도박에 손을 대신 적도 있으시다고 하셨는데요. 혹시 도박을 끊을 수 없어 스스로 감당하기 어려운 상황이신가요? 그런 경우라면 정신과 상담을 받아보시면 어떨지 조심스럽게 제안합니다. 질문자님의 도박 정도를 몰라서 답변드리기 어려운 부분이지만, 이 부분은 반드시 짚고 넘어가야 할 문제로 보입니다.

'전화위복'이라는 말을 저는 참 좋아합니다. 저도 과거에 힘든 일을 겪었어요. 그런데 투자 실패와 빚더미, 소비 요정이었던 20대를 보낸 덕분에 지금은 조금 더 나은 사람이 되어 있다고 생각합니다. 질문자님께서 지금 느끼시는 고통은 남들보다 더 빠른 경제적 자유를 위한 발판이 될 거로 생각합니다. 특히 지금 20대 후반이시니, 지금부터 빚을 갚고 종잣돈을 모으며 투자에 관심을 둔다면, 경제적 자유를 아주 이른 나이에 달성하실 수 있을 거예요.

또 질문자님께서 어려운 상황을 극복한 경험은 훗날 다른 분들에게 귀감이 될 거예요. 문제를 슬기롭게 잘 헤쳐 나가시길 바라며, 그 경험을 나중에 후배들에게 잘 나눠주세요. 응원합니다!

Q 자존감을 잃어버렸어요.

저는 30대 중반의 청년입니다. 아무 생각 없이 살다가 돈도, 자신감도, 사랑하던 사람도 잃고 절망 속에서 하루하루를 지내다, 한번은 너무 힘들어서 차라리 죽는 것이 나을까 하는 생각에 이르기까지 했습니다. 모든 것을 놓아버리고 싶은 심정이었지만, 더는 이렇게 살면 안 되겠다고 다짐했습니다. 30세 중반까지의 인생을 의미 없이 살아왔는데, 이제는 좀 바뀌고 싶어서 새로운 부업 자리를 알아보았습니다. 그러다 한주주님의 인터뷰를 봤고, 저에게 동기 부여가 되었습니다.

한주주님 영상을 보다가 처음 돈 모으기를 시작할 때는 가계부를 쓰는 것이 좋다고 하셔서, 오늘부터 가계부를 작성했습니다. 제 한 달 월급이 180만 원 정도인데 아끼고 아끼면 30만 원 정도 여윳돈이 생길 것 같습니다. 이렇게 적은 비용으로 주식을 시작할 수 있을까요?

한주주님의 의견을 듣고 싶습니다. 제 글 읽어주셔서 감사드립니다.

A 모든 것을 잃어버린 그 자리에서 얼마나 마음이 힘드셨을까요. 그래도 다시 일어서서 새로운 시작을 준비하신다니, 멋지십니다. 부업 거리를 찾아 나선 것도 좋은 선택이신 것 같아요. 절망이 큰 시기에는 자꾸 안 좋은 생각만 들잖아요. 바쁘면 그 생각을 떨쳐내는 데 도움도 되고, 돈도 들어오고. 일석이조의 선택을 하셨네요!

생각이 많고 복잡한 시기에는 투자가 산으로 가는 것 같아서, 저는 사실 추천해 드리고 싶지는 않아요. 만약 꼭 투자하고 싶으시다면, 적어도 3년 이상은 절대 팔지 않을 주식 또는 ETF로 사 모으는 건 그나마 괜찮을 것 같습니다. 오르고 떨어지고, 때로 롤러코스터를 타는 주식시장의 변동성을 느긋한 마음으로 기다릴 수만 있다면, 좋은 선택이 될 거예요.

문의하신 내용에 답변을 드리자면, 한 달에 20~30만 원으로도 충분히 좋은 주식을 살 수 있습니다. 저는 국내 주식보다 미국 주식을 더 추천하는 편입니다. 미국 주식시장은 국내보다 주주 권익을 더 잘 챙기는 분위기가 있고 미국 자본시장이 국내보다 더 안정적이기도 하고요. 그래서 미국 주식시장이 장기 투자자에게는 더 낫습니다. 매월 주식을 모아가는 데 재미를 붙이신다면, 부업도 더 탄력을 받으실 수 있을 것 같습니다. 저도 처음 주식 사 모으기에 푹 빠졌을 때는 돈도 더 소중하게 쓰게 되고 일도 더 열심히 하게 되고, 그렇더라고요.

본업에 부업까지 하신다면 아주 바쁠 거예요. 오히려 그래서 더 좋다고 생각합니다. 바쁘면 주식 창을 자주 안 보게 되는데, 그게 사실 투자에 도움이 많이 됩니다. 신기하게도 주식시장이라는 곳은 아무것도 안 하는 편이 생각보다 많은 문제를 해결해주더라고요. 잘 모르는 상태에서 분주하게 움직이는 것이 주식시장에서 가장 위험합니다. 주식 종목 선택에서 방향을 잘 잡는다면 오랜 시간이 질문자님의 수익률을 지켜줄 겁니다. 종목은 추천받기보다는 질문자님께서 가장 자주 쓰고 가장 잘 아는 제품과 서비스를 만드는 기업을 선택하세요. 믿음이 가고 장기 투자가 가능한 기업의 주식으로 선택하시는 것이 최선입니다.

하루하루의 주가에 너무 일희일비하면 힘들어질 테니, '주식 수량 늘리기'에 집중하신다면 더 좋을 거예요. 때마침 2022년 하반기 주식시장이 꽤 하락장에 있어서 진입하기에도 부담 없으실 테고요. 물론 더 떨어질 가능성이 있지만, 그래도 상승기에 투자하시는 것보다는 훨씬 괜찮습니다. 부업까지 하시면서 하루하루 멋지게 살아내시는 질문자님, 응원합니다!

Q **외로움이 고민인 소비 요정이에요.**

저는 사무직으로 일하고 있는 31살 ○○○라고 합니다. 저는 요즘 회사 일도 굉장히 바쁘고 개인적으로도 힘든 시기를 보내고 있어요. 결혼을 약속한 남자와 헤어졌고, 회사 생활을 5년 넘게 했지만 모은 돈은 한 푼도 없어요. 주변 친구들은 하나둘 결혼하는데, 저는 남자친구도 없고 돈도 없고. 너무 불안하고 외로워서 힘이 듭니다.

그러다 보니 소비 통제가 잘 안 됩니다. 수년 전부터 돈 모으기를 결심하고 노력했지만, 계속 실패를 거듭하고 있어요. '나는 정말 안 되는 건가' 싶고, '앞으로 5년 후, 10년 후에도 이렇게 살면 어떡하지' 싶고, 무서운 생각이 들어요.

어떻게든 뭐라도 해야겠다 싶을 때, 작가님의 책을 접하게 됐어요. 작가님의 경험담은 제게 너무 공감되고 희망적으로 다가왔어요. 그래서 다시 한번 더 힘을 내보자, 그렇게 마음먹었습니다.

하지만 여전히 해결되지 않는 부분이 있어 작가님께 문의드립니다. 저는 제가 느끼는 감정 중 '외로움'이 가장 힘듭니다. 그래서 꼭 결혼하고 싶어요. 물론 결혼한다고 해서 외로움이 해결되지 않는다는 것은 주변 사람들에게 들어서 알고 있습니다. 하지만 별로 와닿지는 않아요. 어쨌든 저는 하루라도 빨리 남자친구를 사귀고, 결혼하고 싶습니다.

그런 마음이 강해서 피부과 시술을 포기할 수가 없습니다. 제가 늙어 보이면 좋은 만남을 놓칠까 봐, 저를 사랑해주는 남자가 없을까 봐서요. 그러다 보니 외모 가꾸는 데 쓰는 비용 통제가 더 안 되는 것 같아요. 이런 마음을 어떻게 다스려야 할까요?

A 봄날에 많이 외로우시죠? 결혼을 약속한 남자친구와 헤어졌다면, 그 외로움이 얼마나 클지 짐작이 됩니다. 특히 헤어진 지 얼마 안 될 때는 방황도 많이 하게 되죠. 사람의 마음에는 관성이 있습니다. 있어야 할 것이 그 자리에 없는데, 내 마음은 아직 원래의 상태에 머물러 있는 거죠. 그래서 이별이 힘든 거고, 헤어진 지 얼마 안 됐을 때가 가장 힘들더라고요.

질문자님은 지금 가장 어려운 시기를 통과하고 계신 거예요. 일단 마음을 추스르셔야 할 것 같아요. 회사에서 바쁜 시기라고 하셨는데, 바쁜 일이 끝나면 휴가를 내서 되도록 긴 여행을 다녀오시는 걸 추천해 드립니다. 여행지에서 자연과 호흡하시면서 내 삶에 대해 결심해 보는 것도 꽤 도움이 돼요.

연애와 결혼, 경제적 문제, 낮은 자존감, 이 세 가지가 2말 3초 여자들을 참 힘들게 하는 것 같아요. 저도 질문자님과 같은 삶의 궤적을 거쳐 왔고요. 저는 20대 후반 가장 예쁜 나이에 결혼하고 싶었는데, 그 시기를 놓쳐버렸어요. 그때 저는 결혼이라는 삶을 완전히 포기해버렸습니다. 굳이 그럴 필요는 없었는데, 좀 극단적이었던 거죠. 삶에서 가장 크고 중요한 이벤트(결혼)를 내려놓고 나니 오히려 새로운 문이 열렸습니다. 그래서 기존의 방만했던 삶을 재정비할 수 있었어요. 그 이후에 좋은 사람과 만나 결혼도 했고요.

외로우면 누구든 만나 외로움을 달래고 싶지만, 돌이켜보면 오히려 아무도 안 만나는 게 결론적으로는 더 나았던 것 같아요. 외로움이 큰 상태는 불안정한 상태잖아요. 불안정한 상태에서는 나에게 유익한 의사 결정을 하기 어려워요. 연애도 누군가를 선택하는 과정이잖아요. 안정적이지 못한 마음 상태에서는 자신에게 해가 되는 선택에 이끌릴 가능성이 커요.

혼자 있을 때 행복한 사람이 사랑할 자격이 있다는 말, 어디선가 들어보셨죠? 자기 자신을 좋아하고 사랑하는 사람은 인간관계도 원만해지지만, 누군가가 없어서 외로우면 그것은 타인을 불행의 조건으로 삼는 것과 같다는 거래요. 결국 내 인생의 주인은 자기 자신이라는 뜻이죠. 매우 힘든 시간이겠지만, 질문자님께서 당분간 혼자의 시간을 즐겨보시길 바랍니다. 투자도, 연애도 조급함은 상황을 더 어렵게 만들 뿐이에요. 그 조급함을 잠재우기 위해 가장 좋은 방법이 여행이라고 생각합니다. 어디론가 훌쩍 떠나면 이곳에서 나를 힘들게 했던 대상이 더 쉽게 잊히니까요.

질문자님께서 나이 때문에 초조해하시는 심정도 충분히 이해합니다. 그런데 저도 늦은 나이에 결혼했고, 요즘은 불혹을 넘어 결혼하시는 분들도 많아요. 결론적으로 중요한 것은 결혼할 나이보다 누구와 결혼했는지입니다. 좋은 사람과 결혼하려면 나 역시 좋은 사람이 되어야겠죠. 그러면 지금 무엇에 초점을 맞춰야 하는지 답이 나옵니다.

'외모를 가꾸는 데 들어가는 비용'에 대한 문제는 경시할 수 없죠. 지금 돈을 모으셔야 하는 때인데, 자꾸 돈 쓸 일이 늘어나니 걱정이실 것 같아요. 특히 '피부과'는 정말 돈이 끊임없이 들어가죠. 좋아지는 것도 시술받는 그때뿐이고요. 사실 피부과에 꾸준히 다닌다는 것은 여간해서는 지속 가능한 방식이 아닙니다. 성인 피부 문제의 8할은 호르몬 문제인 경우도 많으니, 치료의 접근 방식을 돌려보신다면 비용을 최소화하면서 효과는 높일 수 있을 거예요.

이처럼 돈에 대한 의존도를 최소화할 수 있는 대안을 하나씩 찾아보시는 건 어떨까요? 돈을 들이지 않는 문제 해결을 위해서는 창의성이 필요하다고 봐요. 품도 들 테고요. 하지만 돈을 써서 해결하려는 방식만 좇다 보면 나중엔 지출을 감당하기 어려워지실 수 있어요.

저도 꾸미는 데 둘째가라면 서러울 만큼 돈을 많이 써봤습니다. 하지만 결국 아름다움에는 기본이 가장 중요하다는 걸 깨달았어요. 옷도 디자인보다 소재가 중요하고, 아름다운 사람도 그 본연의 소재(?)가 중요합니다. 그걸 알고 나니 '가성비 있는 꾸밈'이 가능해졌습니다. 분명 질문자님께 가장 잘 어울리는 스타일이 있을 거고, 이미 그

걸 알고 계실 거예요. 분위기를 바꾼다고 새로운 옷이나 액세서리를 사도, 기존 자기 스타일의 변주인 경우가 많아요. 그러니 일단은 소비를 멈추시면 좋겠어요.

대신 돈을 쓰지 않고 나를 꾸밀 수 있는 방법을 찾아보세요. 예를 들면 등산이나 조깅이나 밀가루 끊기, 말투 바꾸기 같은 것도 있네요. 그렇게 나를 아끼는 방법을 찾아보면 어느새 더 행복한 질문자님이 되어 있을 거라고 확신합니다. 마음이 편안하고 행복해졌을 때 소비를 시작한다면, 진정 나를 위한 소비를 할 수 있을 거예요.

Q 빠른 수익률로 빚을 갚고 싶어요.

고민이 있어서 용기 내어 글을 써봅니다. 저는 아이가 하나 있는 가정주부예요.

저에겐 지금 5000만 원 정도의 빚이 있어요. 특별히 명품을 좋아하거나 사치를 하는 것도 아닌데 말이죠. 내년에 아이가 초등학교에 입학하는데, 아이를 보면 요즘 마음이 너무 초조해요. 초등학교 들어가면 학원비다 뭐다 아이에게 돈 들어갈 일도 많은데 걱정이고, 아이에게 미안한 마음도 크고요. 앞이 캄캄합니다.

그리고 한주주님처럼 저도 7년 전쯤부터 중국 주식에 관심을 가지고 자주 중국, 홍콩 주식을 소액씩 매수했어요. 나름 장기 투자를 해서 수익도 꽤 났고요. 그런데 그렇게 하다 보니 잘 알지도 못하는 종목들이 점점 많아지고 있어 혼란스럽습니다.

큰 금액의 빚도 있으니 최대한 빠른 수익률 달성과 마이너스 청산을 하고 싶어요. 보유 종목들을 모두 매도한 뒤 애플이나 마이크로소프트 같은 종목에 집중해서 분할 매수해보려고 하는데 어떨까요? 생활비가 빠듯해도 매달 50만 원 정도는 적금 넣듯이 꼭 주식을 매수합니다. 주식 계좌에는 예수금까지 합쳐서 대략 1억 정도 있습니다. 앞으로의 투자 방향성을 세우기 위해 주주님의 조언을 듣고 싶습니다.

A 이렇게 꾸준히 투자해오시다니, 장기 투자의 산증인이시네요. 멋지십니다. 중국 주식에 투자하셨던 시점이 저와 비슷하네요. 국내에서 후강퉁 거래가 열렸던 시점, 중국 증시 호황기에 투자를 시작하신 것 같습니다.

투자를 오래 하셔서 잘 아시겠지만, 주식 투자라는 것이 빨리 수익을 낼 수 있는 것은 아니에요. 투자라는 건 '오랜 기간', '올바른 방향'으로 '믿음을 가지고' 지속했을 때 예상치 못한 큰 수익을 가져다주는 쪽에 더 가까워요. 질문자님은 이제껏 장기 투자를 잘 이어오셨던 것 같아요. 5년 이상 꾸준히 투자해오시면서 높은 수익도 내셨고요.

그런데 지금 너무 많은 종목이 관리가 안 돼서 마음이 불편하시나요? 그렇다면 어느 정도 정리하시는 것도 괜찮으실 것 같아요. 결국에 장기적으로 지속 가능한 투자는 마음이 편안한 투자일 테니까요.

질문자님, 현재 빚 5000만 원이 있고, 마이너스 청산을 위해 **빠른 수익률 달성**을 원한다고 하셨는데요. '투자에서 얻은 수익으로 빚을 갚는다'는 것은 매우 어려운 목표입니다. 그렇게 하다 보면 투자하면서 무리하기 쉽고요. 전략적으로 빚을 유지하시는 게 아니라면 빚은 월급으로 차근차근 갚아나가는 것이 가장 현실적입니다. 투자는 느긋한 사람이 이기는 게임이라고 봅니다. 하지만 투자 수익으로 빚을 해결하려고 하는 마음은 느긋함과는 거리가 있어요.

잘 아시겠지만, 주가가 반토막 나는 일은 종종 있어요. 그런 혼돈스러운 상황 속에서도 믿음을 가지고 보유할 수 있는 종목을 추려내는 것은 의미 있는 일입니다. 질문자님께서 생각하시기에 가장 의미 있는 기업을 찾아 투자를 지속하시면 됩니다.

아이에게 경제적인 여유 때문에 미안해하지 않아도 돼요. 아이 입장에서는 경제적 어려움보다 엄마가 불안한 것이 더 힘들 겁니다. 편안하고 행복한 엄마가 아이에게는 가장 큰 선물이지 않을까요?

조급해하지 마시고 천천히 마음 편하게 투자하시길 바랍니다. 투자는 장기전입니다. 불안함, 절박함의 감정으로 투자한다면, 하루하루가 시한부 인생 같을 겁니다. 궁극적으로 우리는 행복해지려고 투자를 하는 건데, 하루하루가 숨 막힌다면 투자의 의미는 퇴색됩니다. 조금 더 여유를 가지고 투자해나가실 수 있도록 포트폴리오를 재정비해 나가시면 좋겠습니다.

Q 미국 ETF에 투자한 워킹맘이에요.

미취학 아동 둘을 키우는 37세 워킹맘입니다. 유튜브에서 우연히 한주주님 동영상 보고 바로 서점에 가서 한주주님의 저서 《월급쟁이의 첫 돈 공부》를 사서 읽었어요. 안 그래도 미국 주식에 관심 있을 때라 단숨에 읽었습니다. 한주주님의 지난날 모습에서 '결혼 전' 저의 모습을 보기도 했고요. 그래서인지 한주주님의 이야기가 더 가슴에 와닿았습니다.

다름이 아니라 책을 읽고 나서 고민이 되는 부분들이 있어서요. 주변에 주식에 투자하는 사람들이 없기도 하고 어디 물어볼 곳도 없어서, 책에 있는 메일 주소로 용기 내어 메일을 보냅니다.

저는 매달 미국 ETF 세 종목 정도를 꾸준히 매수하려고 합니다. 그런데 해외 주식 매수가 말처럼 간단하지 않더라고요. 개장 시간도 지켜야 하고(예약 매수가 가능하기는 하지만), 특히 환율, 해외 주식 매매 수수료 등 부가적으로 생각해야 할 것이 많았습니다. 국내 주식을 할 때는 수수료는 그다지 생각하지 않고 거래하고 있었는데, 해외 주식을 하려니 증권사별로 수수료 차이도 있어서 고민이 많습니다.

한 달에 150~180만 원 정도로 꾸준히 매수할 생각인데, 부가적인 금액들(환율에 따른 수수료, 환율 변동에 따른 손실, 해외 주식 거래 수수료 등)을 부담하고서라도 미국 ETF를 모아가는 것이 맞는 건지, 여쭤보고 싶습니다.

A 미국 ETF를 매수하신다는 계획을 세우셨군요. 어떤 ETF인지 언급하지는 않으셨지만, 미국의 주요 시장 지수(S&P500, 나스닥 등)를 추종하는 종목을 선택하셨겠다고 생각합니다. 질문자님과 마찬가지로, 미국 주식에 투자하시는 많은 분이 환전 및 거래 수수료, 세금 등을 고민하고 계십니다.

먼저 환전과 거래할 때 발생하는 수수료에 대해 생각해보겠습니다. 돈을 빈번하게 이동시키지 않는다면, 이 수수료는 일회성 비용입니다. 미국 주식에 투자하시는 분 중에는 장기 투자를 지향하시는 경우가 많은데, 거래에 수반되는 각종 비용이 수익률을 저해할 우려가 있어서입니다. 질문자님께서 미국 ETF를 사서 모아가는 방향으로 하신다면, 이 수수료는 장기적으로 의미 없는 수준이 될 겁니다. 예를 들어 먼 훗날 1000만 원 이상의 수익을 낸다고 할 때, 만 원 정도의 수수료가 어떤 의미가 있을까요?

　환율 변동에 따른 위험도 생각하시는 것 같은데, 이건 국내 투자자 입장에서 장점이 될 수도 있습니다. 미국 주식에 투자한다는 것은 '주식과 달러', 이 두 가지에 동시 투자하는 것과 다름없습니다. 국내 시장이 불안정한 상황이 찾아왔을 때, 미국 주식 자산은 큰 힘이 될 겁니다. 반대로 미국 시장이 어려울 때는 애석하게도 국내도 나쁩니다.

　이런 시기에는 달러 가치가 오르는 경향이 있습니다. 주식시장이 어려운 시기에 달러 가치가 높아지면 원화로 환산한 주식 가치는 지켜집니다. 이런 관점에서 환율 변동에 따른 위험은 오히려 이득이 될 가능성도 있다고 봅니다. 주가와 환율의 변동은 예측하기 어려운 부분이라 확정적으로 말씀드리기는 어렵습니다만, 환율 변동을 너무 두렵게 생각하진 않으셔도 됩니다. 원·달러 환율은 박스권이 형성되어 있기 때문입니다. 보통 1000원~1300원 사이에서 오르락내리락합니다. 이 박스권을 벗어난 상태는 그리 오래 지속되지 않는다는 것을 기억하세요.

　지금 고민하시는 문제는 ETF 투자에서 다 사소한 부분입니다. ETF 투자의 관건은 바로 장기 보유입니다. 실제로 ETF 매수하신 분들의 평균 투자 기간이 3.2년 정도라는 통계치도 있습니다. 갈아타지 않고 그냥 꾸준히 가지고 있으면 되는데, 그렇게 하지 못하는 비율이 높다고 합니다. 투자했다는 사실을 망각하면 좋으련만, 우리 인간은 그게 참 어렵습니다.

  너무 많은 것을 고민하지 마시고요. 가장 중요한 관건이 되는 것만 지켜내시면 좋겠습니다. 미국 ETF 투자에서 가장 중요한 부분은 얼마나 오랜 기간 버텨내는가 하는 점입니다.

Q 하락장을 버티는 게 너무 힘들어요.

저는 미국 주식을 사서 모으는 중인데, 주로 애플, 마이크로소프트 주식만 사고 있고요. 어느덧 각각 100주, 50주를 달성했어요. 그런데 한 가지 고민이 있습니다. 마이크로소프트 주식이 제가 산 이후로 점점 내려가서요. 오늘 가장 큰 하락치, 무려 마이너스 10퍼센트를 찍었어요.

  작가님이 쓰신 《월급쟁이의 첫 돈 공부》를 읽으면서 성신을 붙잡고 있지만, 또 주식을 산 기업을 믿고 있지만, 그런데도 마음이 흔들리는 건 어쩔 수 없는 것 같아요. 물론 저는 당장 써야 하는 돈, 당장 갚아야 하는 돈으로 주식을 산 건 아니어서 진짜 다행이다 싶어요. 안 그러면 정말 견디기 힘들었을 것 같아요. 세계에서 1, 2등 하는 기업의 주가가 내려가는 것만으로도 이렇게 쉽지 않은데, 잘 모르는 기업에 투자하는 건 정말 큰 모험이겠구나 싶고요.

작가님께서는 하락장에 견뎌낸 경험이 여러 번 있었다고 말해주셨는데, 그때 어떤 마음으로 버티셨나요?

A 저는 시장이 가는 길의 큰 물줄기만 보면 되는 거지 싶어서 비트코인이든 우량주든 가지고 있었는데요. 힘든 시기를 참 많이 겪었어요. 어떤 때 가장 힘들었냐면, 첫 번째는 자산 A를 일부 매도한 후 (크게 익절) 자산 B로 일부 재정립했는데, 매도한 자산 A는 크게 오르고 새로 산 자산 B는 마이너스 10퍼센트에서 20퍼센트까지, 급기야 마이너스 70퍼센트까지 떨어졌을 때고요. 두 번째는 자산 B를 전량 매도한 뒤 얼마 지나지 않아서 자산 B가 폭등했을 때고요.

이 두 상황은 근본적으로 되게 비슷해요. 여기서 제가 배운 것은 시장, 주식(기업) 등의 문제는 아니라는 거였어요. 순전히 제 마음의 문제라는 것을 깨달았습니다.

주식시장이 참 제 마음 같지 않다며 탓도 하고 원망도 해봤지만, 주식시장은 원래 그렇게 변덕스럽습니다. 뉴스에서는 주식시장이 ○○의 영향으로 하락했다, 상승했다는 이유를 찾지만, 이게 다 부질없게 느껴질 때가 있어요. 상승과 하락은 그냥 주식시장의 본성인 거죠. 세상이 정·반·합으로 가며 서서히 성숙해가듯이, 주식시장도 상승과 하락을 거치며 서서히 발전해가겠죠.

하락과 상승, 폭락과 폭등, 빨리 부자가 되는 것과 빨리 거지가 되는 것. 이 두 쌍의 단어들은 온도 차이가 참 많이 나죠? 근데 본질적으로는 같아요. 빛과 어둠처럼 항상 함께 존재합니다. 하나가 없으면 다른 하나가 존재할 수가 없어요. 주식시장에서 하락 없이 상승만 하는 일은 없고요. 빨리 부자가 되는 투자 방법은 빨리 거지가 되는 방법이기도 합니다. 폭등이 있어야 폭락도 있는 것이고, 그 반대도 마찬가지입니다. 이처럼 시장은 단지 제 갈 길을 가는 건데, 사람들이 각자 상황에서 그 시장에 감정을 개입하게 된다는 걸 깨달았어요.

결국 투자에서 가장 중요한 것은 제 믿음이었어요. 제가 진정 힘들었던 건 제가 소유한 자산에 대한 믿음이 없었던 것뿐이었어요. 주가가 하락하면 믿음조차 무너지는 경우가 많죠. 그렇다면 애초에 그 믿음을 의심해볼 필요가 있습니다. 그래서 거친 하락장에는 오히려 내가 생각하는 '진짜'가 무엇인지 분별해주는 기회가 됩니다.

시장은 누군가에게는 기회를 주고, 누군가에게는 절망을 주는 곳이에요. 시장이 정말 내 마음을 보여주는 거울이다 싶은 생각도 들고요. 이런 시장의 특성을 알면 초연해져야 하는데, 저도 사실 그런 도인의 경지는 아니에요. 그런 제가 이제껏 장기 투자를 잘 이어오고 있습니다. 저의 경우에는 주가 창을 너무 자주 확인하지 않는 식으로 하면서 마음을 지켰습니다. 투자 때문에 제정신이 혼미해지고, 본연의 삶이 지장을 받으면 안 되니까 원칙적으로 거리를 좀 둡니다.

보통의 투자자라면 주가든 코인이든 70퍼센트 정도 하락해도 삶이 달라지는 건 없어요. 단 선물, 옵션, 집 담보로 수억 대출받아서 무리하게 투자하는 사람은 예외지만요.

삶의 모습은 여전히 똑같아요. 아침에 일어나고, 식사하고, 회사 가고, 가족들과 시간 보내고, 일상생활은 변함이 없습니다. 다만 시장에 따라서 변하는 마음만 문제가 되는 거예요. 대부분은 그래요. 시장은 앞으로도 지금처럼 계속 변덕스러울 거예요. 상승, 하락, 폭락, 폭등, 장기 보합, 장기 우상향 등 시장이 당연하게 보여주는 거친 모습들에 너무 내 자아를 투영하지 않는다면, 결국 시장은 어느덧 다시 제자리로 돌아와 있을 겁니다.

맺음글

반드시 이기는 투자의 길

"카지노에서 나와 계속 밖에 있어라!"

일단 투자해놓고 주식시장에서 빠져나오라는 인덱스펀드의 아버지 존 보글의 말이다. 그는 S&P500에 투자했다면 카지노, 즉 '시장'에서 멀어지라고 주장했다. 한 번 샀으면 영원히 보유하면 그만이라고, 그렇게만 하면 유수의 펀드 매니저보다 우위를 점령할 수 있다는 점을 강조했다.

주식시장에는 무한한 위험이 잠복해 있다. 그 모든 것을 스스로 제어하려고 애쓰다 보면 복잡한 주식시장에서는 길을 잃기 십상이다. 실제로 많은 사람이 그렇게 방황하다가 주식시장을 떠났다.

"금융시장이 실제로 어떻게 움직이는지를 알게 되면, 투자자가 제 몫을 확실히 챙길 방법은 인덱스펀드밖에 없다는 사실을 알게 됩니다. 그리고 이런 수익이 복리와 만나면 투자자는 장기간에 걸쳐 엄청난 자산을 축적하게 돼요."

존 보글의 투자 제안은 반박의 여지 없는 명백하고 쉬운 방법이다. 다만 문제는 실천하기가 쉽지 않다는 것이다. 이 방법은 투자자가 주식을 사고파는 데서 오는 짜릿한 흥분을 느낄 수 없다. 즉각적인 결과를 통한 보상을 취할 수 있다는 게 주식 투자의 큰 매력인데, 만약 짜릿한 흥분이 사라진다면 주식시장은 지나치게 고요해질 것이다.

나는 가끔 이런 질문을 한다. "왜 주식 투자를 하는 거죠?" 내가 예상하는 답변은 "당연히 돈 벌려고 하는 거죠"이다. 그런데 의외로 생각지도 못한 답변이 나온다. "돈도 돈이지만 재미가 없으면 안 하죠." "이거 오르내리는 거 보는 게 내 일상의 활력소입니다. 이런 재미라도 있으니 투자를 하는 거죠." "주식은 일종의 게임 같은 겁니다. 내 의사 결정의 옳고 그름을 바로 확인할 수도 있잖아요."

그들의 답변에서 '돈이 전부가 아니잖아요', '행복은 성적순이 아니에요'라는 문구가 떠오른다. 그들은 주식 투자로 돈 버는 것보다 어쩌면 더 높은 경지를 꿈꾸고 있는 건지도 모르겠다.

앙드레 코스톨라니는 이렇게 지적했다. "인간은 놀이하는 존재(호모루덴스)로 태어났기에 놀면서 이기기도 하고 지기도 한다. 그러므로 놀이하는 존재인 인간은 절대로 사라지지 않을 것이다."

인간의 호모루덴스적 성향은 반드시 이기는 투자 선택을 외면하게 한다. 다시 말해 주식 투자에서 흥미나 재미를 만끽하고 있다는 건 잘못된 방향으로 가는 증거다. 비유하자면 종착지가 불투명한 주식시장 롤러코스터에 올라타는 것과 같다. 웃돈을 얹어 탑승 티켓을 사는 일도 마다하지 않는다. 먼 곳까지 내다보지 않고 눈앞의 짜릿함과 빠른 성취에만 집중하는 투자는 오래가기 어렵다.

인생사를 돌아보면 자신을 곤경에 처하게 하는 것은 결국 자기 자신이다. 주식도 마찬가지다. 투자 실패 원인을 돌이켜보면 전문가(또는 정치인)에게 의존하거나 과도한 레버리지 투자를 하거나, 혹은 엇나간 방향으로 열심히 노력하는 등 모두 스스로 내린 선택이다. 그런데도 투자자들은 그런 것들을 쉽게 내려놓지 못한다. 그게 결국 폭망으로 가는 길임을 깨닫지 못하는 것이다. 즉 주식 투자를 복잡하게 만드는 것, 그리고 투자가 실패하는 것은 외부 요인보다는 투자자 자신의 내적 요인이 더 크다.

주식시장을 분석하려고 애쓰기 전에 자기 마음을 먼저 비춰보자. 어떤 욕구와 감정이 꿈틀대고 있는지를 지긋이 바라보자. 그리고 주식 투자를 할 때만큼은 그 복잡한 마음을 내려놓자. 주식시장은 나의 욕구와 감정을 채워주는 곳이 아니기 때문이다.

나는 총 5개 장에 걸쳐 투자 방식, 멘탈 관리 외에도 행동 습관, 루틴, 사고방식 등 투자에 필요한 자기 계발적 사례를 이야기했다. 그저변에는 나와 같은 아마추어도 올바른 투자 습관으로 부자가 될 수 있다는 것을 내포하고 있다. 나는 반드시 부자가 될 수 있는 방법을 고민하며 지식과 사례를 탐구했고, 이를 독자가 맛있게 먹을 수 있도록 이야기로 풀어냈다.

내가 이 책을 통해 말하고자 하는 것은 빠르게 수익률을 올리는 방법이 아니다. 급하게 먹으면 체한다. 시황이 좋아서 단숨에 부에 올라탔다고 하더라도 주식시장의 다양한 환경에서 살아남을 수 있어야 부자로 남을 수 있다. 지켜내지 못하면 의미가 없다. 책을 집필하는 동안 내 머릿속을 채운 것이 하나 있다. 이 책이 자신을 몰락시키는 투자의 시나리오에 대적하는 투자 성공 시나리오가 되는 것이다.

주식은 알고 보면 단순하다. 존 보글이 말한 대로 '카지노에서 나와 계속 밖에 있으면' 된다. 이것이 개인의 생각이나 노력에는 아무런 관심도 없는 주식시장을 이기는 방법이다. 이 단순히 이길 수 있는 게임을 애써 지는 게임으로 만들고 있지는 않은지, 이 책이 되돌아보는 계기가 되었다면 좋겠다.

많은 개인 투자자를 응원하며, 이 책을 마친다.